やってはいけな
「長男」の相続

日本一相続を見てきてわかった円満解決の秘訣

税理士法人レガシィ

青春新書
INTELLIGENCE

はじめに

日本一相続を見てきてわかった！　円満な相続のヒント

私たちは相続専門の税理士法人として、これまでに9400件以上の相続税申告に携わってきました。相続税申告だけでなく、相続に関する相談事なども含めると、累計1万2000件以上の相続案件にかかわってきました。

そうしてさまざまなご家族の相続をお手伝いしているうちに、「モメる家族とモメない家族はどこが違うのか」がわかるようになってきました。

それは、「長男」がどのように行動するか、です。

モメない相続のカギは、長男が握っているといっても過言ではありません。

相続において、なぜ長男が重要なのかというと、相続というのは必ずしも公平にはいかないからです。預貯金だけならともかく、土地も含めて家族で平等に分けることはまず不可能です。

また、例えば、

「兄は大学院まで行ったけど、妹である自分は短大卒だ。兄は学費がかかった分、相続では少し遠慮してほしい」

「自分たちが親と同居して老後の面倒を見ているんだから、ほかのきょうだいはその点を考慮してほしい」

といったさまざまなご家庭の事情から、「相続財産を〝平等〟に分けるとかえって〝不平等〟になる」という思いを抱く方もいます。

そして何より、日本における相続は、いまだに長男が財産のほとんどを相続する「本家相続」が約7割と、大半を占めているのです。民法では法定相続分が決められてはいるのですが、これはあくまでも法律上の目安に過ぎません。

みんなが納得する「落としどころ」は、ご家族によってさまざまです。その落としどころがうまく見つけられるかどうか――これはひとえに長男にかかっているのです。

なお、本書のなかで詳しく説明しますが、この本でいうところの「長男」とは、「本家」という意味合いであり、例えば2人姉妹なら親の面倒をメインで見る姉になるかもしれませんし、兄弟であっても実家の家業を継ぐ弟が相当することもあります。

折しも、40年ぶりに相続法が改正されることが決まりました。この改正により、本文で触れますが、長男、さらに長男の妻の動きはますます重要になってきます。

モメない相続のためには、長男がどのように振る舞えばいいのか。まして影響力の大きい「長男の妻」はどのように振る舞えばいいのか。さらに長男でないほかの相続人、その配偶者にも興味のある内容を載せています。

この本が、みなさんのご家庭の相続を円満に解決する手助けとなることを願っています。

『やってはいけない「長男」の相続』目次

第1章

モメない相続は「長男」次第!?

新相続法で「相続前後」の常識が変わる

第2章

父の相続での「やってはいけない」

はじめての相続で「長男」がすべきこと

1 相続以前

4 相続登記

第3章 母の相続での「やってはいけない」

モメやすいからこそ注意したいポイント

1 相続以前

2 不動産の相続

第4章

モメない家族になる「こころの相続」

家族みんなが納得する相続の秘訣

本文DTP／青木佐和子
編集協力／樋口由夏

第1章

モメない相続は「長男」次第!?

新相続法で「相続前後」の常識が変わる

まだまだ多い「長男=本家」の相続

「相続」と聞いて、皆さんは何を思い浮かべますか？

テレビドラマで観るような資産家の相続争いでしょうか？　きょうだいや親戚の財産の奪い合いでしょうか？


親がいてそれを引き継ぐ子どもがいる限り、等しく相続は発生します。

相続なんて、お金持ちの人間だけの話だろうと思ったら大間違いです。あとで詳しくお話ししますが、税制改正により、東京近郊に住む方にとって、今や2人に1人が相続税の課税対象者になるとされています。「わが家には関係ない」ではもう済まされない時代なのです。


この本では、主に長男の相続についてお話ししています。

その理由は、子どもがいる限り、必ず「長男」がいるからです。本書では便宜上「長男」としていますが、もちろん男性だけを指しているわけではありません。「はじめに」でも述べたように、きょうだい構成により、姉妹なら姉、姉と弟なら弟、といったように、

「本家」としてその家を受け継ぐ人が、この本でいうところの「長男」に相当することをお断りしておきます。

また、この本でいう「長男の相続」とは、「本家の相続」を意味しています。「本家」などというと古いと思われる方もいるかもしれませんが、まだまだ本家意識が根強く残っていることは、私たちの経験上確かです。本書を読んでいただければ、さらにそれを実感していただけると思います。

一般的には、１つの家族に相続は2回やってきます。

1回目は両親の一方が亡くなったときに発生する相続、2回目はその後、残された配偶者が亡くなったときに発生する相続です。

1回目の相続を「一次相続」、2回目の相続を「二次相続」といいます。

順番として、通常は一次相続は父親の相続、二次相続は母親の相続が多くなっており、国の法律などでもこの考え方がベースになっています。一般的に一次相続では父親が亡くなるケースがほとんどです。

そこで本書では、一次相続を父親の相続、二次相続を母親の相続として話を進めていきます。

なお、逆に母親のほうが先に亡くなるケースもありますが、不動産の名義人でなかったり、財産がそれほど多くなければ、遺産分割や相続税の課税に伴う手続きは父親の相続より少ないでしょう。大変なのはやはり父親の相続なのです。

今の日本は「本家相続」7割、「均分相続」3割

「本家」や「分家」、「長男」や「跡継ぎ」といった言葉を聞いて、

「今どきもう古いよ」

と思われた方もいるかもしれません。

でも、まだ相続の世界（という言い方があるかどうかはわかりませんが）では、本家意識が強く、いまだに「長男が相続」するケースが多いのです。

戦前の日本では、「実家を相続するのは本家」というのが基本でした。本家のもとに、不動産や先祖から受け継がれてきたものを残すものだとされていたのです。これは戦前の旧民法にも規定されていたことです。

戦後に民法が改正され、きょうだいが平等に相続する「均分相続」が基本となりました。

私たちは、相続案件実績日本一の税理士法人として、常に最新のデータ分析をしています。過去17年にわたり、長男が相続する「本家相続」と、きょうだいで公平に分ける「均分相続」のデータも取り続けています。

そのデータからわかることは、年々「均分相続」が増えつつあるものの、いまだに本家相続が根強いという事実です。全体の割合を見てみると、２０１７年のデータでは、本家相続が71％、均分相続は29％です。特に資産が5億円以上の家に限れば、本家相続の比率が高まり、全体の7～8割が本家相続となっています。

つまり、法律では均分相続となっていても、意識のなかではまだまだ本家相続が根強く残っているのです。

これは東京（特に郊外）であろうと地方であろうと変わりません。

なぜ、本家相続が根強いのでしょうか。

一次相続で亡くなる80～90歳代は、旧民法での相続を意識して育った世代です。そして、相続人になる50～60歳代は、そのご両親による本家相続の意識のもとで育てられました。

本家は長男が継いでいくのが当然のことであり、次男や長女、次女は分家として出ていくものだと無意識のうちに考えているのです。

とはいえ、今は本家意識、分家意識の端境期《はざかいき》といえるかもしれません。あと20年もすれば、間違いなく均分相続のほうが多くなるでしょう。

しかし少なくともここ10年は本家相続、長男の相続にこだわる人が多いため、法律に現実が追いついていないともいえます。だからこそ、モメることも多いのです。

40年ぶりに改正！ 新相続法の4つのポイント

２０１８年2月、法制審議会において民法（相続関係）等の改正要綱案が採択され、同年3月13日、改正法案が閣議決定されました。この改正法案は、直ちに第１９６回通常国会に提出され、7月22日までに可決成立し、1年以内に施行されます。

相続法の見直しは、実に40年ぶりのことになります。

今回の改正をひと言でいうと「お母さんを大切にしようルール」です。

40年前と比べ、高齢化は進んでいます。夫婦のうち、父親が先に亡くなるケースがほとんどです。そして高齢の女性であるお母さんが残されます。そんな残された配偶者（主に

まだまだ多い「長男」の相続

【全体】

① 2017年と４年平均

本家均分	内訳	割合	４年平均
本家相続	長男中心	71%	62%
	ほかの人中心		
均分相続	小計	29%	38%
合計		100%	100%

② 過去４年間

□均分相続　■本家相続

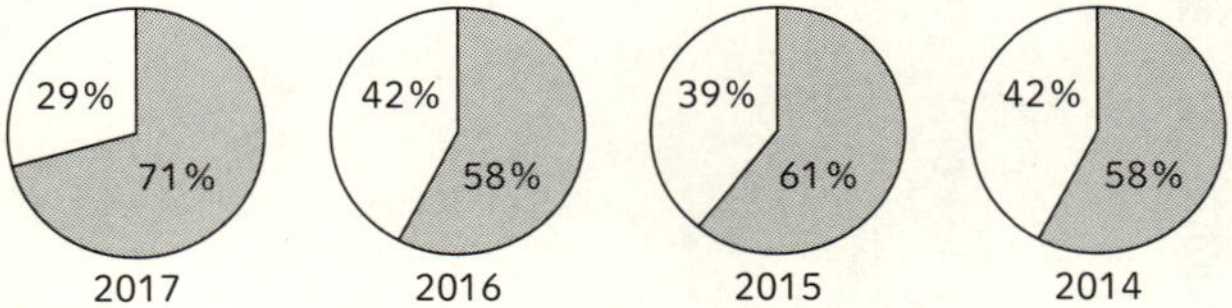

【課税価格５億円以上の場合】

① 2017年と４年平均

本家均分	内訳	割合	４年平均
本家相続	長男中心	71%	73%
	ほかの人中心		
均分相続	小計	29%	27%
合計		100%	100%

② 過去４年間

□均分相続　■本家相続

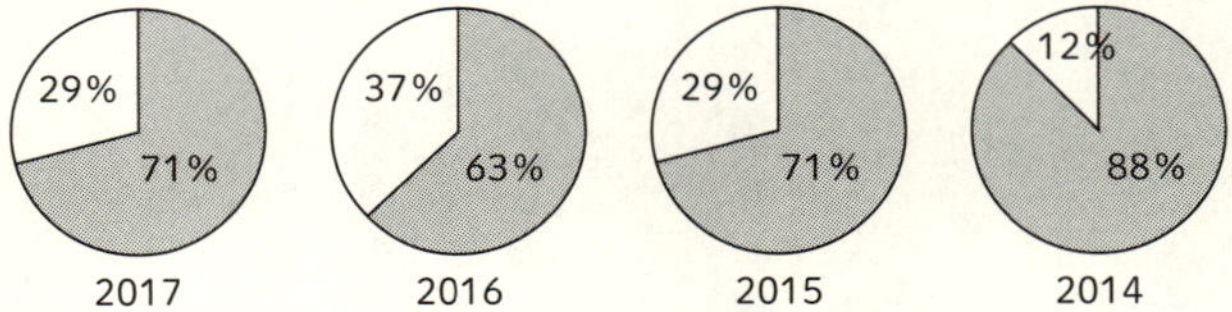

「本家相続」とは、長男（もしくは商売継承者、同居者など）が家を引き継ぐ方法。「均分相続」とは、子どもに均等に相続するという考えに基づき相続する方法。2017年の全体データでは、本家相続が７割となっており、まだまだ「長男」の相続は多い。

※均分相続のデータは「子どもなし、相続人が１人や未分割の場合」を除く。（税理士法人レガシィ調べ）

高齢の母親）の生活に配慮する必要が出てきたというわけです。
その改正のポイントは大きく分けて4つあります。簡単に説明しましょう。

①配偶者（母）の居住権が発生する

自宅の権利を「所有権」と「居住権」に分け、残された配偶者であるお母さんには、「居住権」が認められるようになります。配偶者がこの居住権を取得すれば、所有権が別の相続人（例えば子どもたち）や第三者にわたっても、配偶者は亡くなるまで自宅に住み続けることができます。

②遺言書の作成において、一部ワープロで作成したものが認められる

自筆証書による遺言のうち、財産目録部分につき、ワープロで作成したものが認められ、これまでよりも簡単に書き残せるようになります。

①と②については、詳しくは第2章で説明します。

③妻に生前贈与や遺言で贈られた住居は遺産分割の対象外になる

新制度では、婚姻期間が20年以上の夫婦の一方が他方から自宅を生前贈与されたり、遺言で譲り受けたりした場合は、遺産分割の対象から除外されます。

④長男の嫁などが介護をした場合に、金銭の請求ができるようになる

③と④については、このあとの項目で説明します。

介護した「長男の嫁」はどうなる？

今回の相続法の改正は、女性に優しい改正であることがおわかりいただけたと思います。

そして、残された配偶者である「お母さん」だけでなく「長男の嫁」にもメリットがあります。

それが前項の④で説明した、

「介護をした相続人以外の家族（同居長男の嫁など）も金銭請求ができるようになる」

というものです。

これは今回の改正でもセンセーショナルなことではないでしょうか。

説明しましょう。

相続人が相続財産の維持や増加に貢献したような場合に、その貢献した度合いのことを「寄与分《きよ》」といいます。この寄与分は、現行の民法では遺言などがない限り、通常は争ったとしても、相続人以外の人には基本的に認められる余地がありません。

よくあるケースとしては、長男の嫁が、同居していた義父の生前介護をおこなっていた場合などがあります。どんなに献身的に介護をしていたとしても、相続人でない長男の嫁は、相続によって財産を取得することができないのです。

例えば長男の嫁として、ずっと義父母と同居、介護をしてきた女性のケースでお話ししましょう。

義父が亡くなったあと、今回姑《しゅうとめ》である義母も亡くなり、法定相続人は長男である夫と、その弟の次男です。弟夫婦は近所に住んでおり、次男の嫁はそれまで週に1度くらいは顔を出してくれました。義弟は同居も近居も一緒だから、相続は半分ずつという気持ちがあるようで、長男の嫁としては納得がいかない、というケースです。

同居の苦労というのは、経験をした者にしかわからないものです。義父母を残して家族で旅行や外食にも行きにくい面がありますし、精神的なストレスがあります。近居と比べて精神的な負担は明らかに違います。

現行の民法では、介護の寄与分は日当程度しか認められていません。意見はそれぞれですが、介護やお世話をせざるを得ない長男の嫁が「日当」程度では、あまりに浮かばれないのではないでしょうか。

一方の次男の嫁としては、

「同居の苦労はあったかもしれないけれど、お財布は一緒だし、贅沢《ぜいたく》ができた部分もあるんじゃないの？」

「お義姉《ねえ》さんの子どもは、うちの子よりもいろいろ買ってもらっているみたいだし……」

などといった言い分も出てきます。

長男の嫁としては、半分ずつ相続するにしても、有利な選択をさせてもらう、あるいは半々ではなく、６：４や７：３にするなど、相続分に差をつけてほしいと思うでしょう。

こんなとき、今までは、表面上は長男と次男の話し合いに見えて、裏でそれぞれの妻が糸を引いて争っているような状況でした。

ところが今回の改正では、一定の要件を満たせば、相続人に金銭を請求できるようになります。このケースでは、長男の嫁が堂々と、「私がずっと面倒を見てきたんだから、それに見合ったお金がほしい」といえるのです。

ここからは憶測ですが、この改正によって、すでに実家を出た次男や長女などの動きも変わってくるのではないでしょうか。長男の嫁に気を使うようになる、頻繁《ひんぱん》に実家に顔を出すようになるといったことも起こるかもしれません。

優しい次男や長女なら、「お義姉さんもたまには息抜きしてください」などといって、長男夫婦を旅行に行かせてあげたり、留守を預かったりしてくれるかもしれません。

あるいは、同じお金を使うなら、親を介護施設に入居させることを検討する人も出てくるでしょう。

ほかにも「長男の嫁」にはこんなメリットが

もう1つ、配偶者である妻を守ろうとする制度改正であり、長男の嫁へのメリットといえるのが、20ページの③で説明した、

「婚姻期間が20年以上の妻に生前贈与や遺言で贈られた住居は、遺産分割の対象外になる」

というものです。

簡単にいえば、残された配偶者が遺産分割で優遇されるということです。

今までは生前贈与や遺言で譲られた住居は、相続が発生した場合に贈与分を相続の先渡し（特別受益）として遺産に含めて計算しなければなりませんでした。これを特別受益の持戻しといいます（以下「持戻し」）。

贈与はもともと、誰にあげたにしても、「持戻し」といって、1回それをあげなかったことにして元に戻してみんなで分けるという考え方があるのです。贈与を受けながら遺産を法定相続分通りに受け取ると、不公平が生じるからです。

ですから、今まではいくら妻に生前贈与しても、それをしなかったこととして持戻しするため、妻の受け取り分が少なくなるということが起こっていました（もちろん遺言などで被相続人が持戻し免除の意思表示をおこなっていた場合は、持戻しはおこなわなくてもいいことになっています）。

しかし、新制度では、自宅を生前贈与されたり、遺言で贈与の意思を示されたりして譲り受けたりした場合は、遺産分割の対象から除外されるため、妻が譲り受けたものは妻のものとなります。

これは残された妻、または長年義父母と同居してきた長男の嫁にとっての権利保護といえるでしょう。

ただし、生前贈与できるのは「結婚後20年以上経過した夫婦」である必要があります。つまり事実婚や、高齢になってからの再婚、また贈与の意思表示がないまま亡くなった場合はこの取り扱いの対象外となります。

世の中の流れに対応した法改正

突然ですが、四字熟語の問題です。学校のテストだと思って、○のなかに入る文字をお答えください。

「○肉○食」
「品○方○」
「大○名○」
「一○二○」

順番に、真面目にお答えすると「弱肉強食」「品行方正」「大義名分」「一石二鳥」ですね。

ところが、こんなふうに答えた生徒が実際にいたそうです。皆さんならどう思うでしょうか。

「焼肉定食」「品川方面」「大阪名物」「一泊二日」……。これは間違いでしょうか？

何がいいたいのかというと、世の中で実際に起きていることと、学校の勉強は違うということです。私たちは相続においても、頭でっかちにならず、今、実際に起きていることを常に学んでいかなければなりません。

つくづく「相続の実務と学校の勉強は違う」と思います。

相続法の改正は「お母さんを大切にしようルール」だとお話ししましたが、今回の改正は、残された妻や長男の嫁など、圧倒的に女性に優しい改正となる印象があります。

例えば、ひと昔前なら、女性が黙って義父母の介護をすることも当たり前と考えられていたかもしれません。でも現在はどうでしょう。目に見えて認知症が増えています。

自宅で介護に携わる人の負担も、一向に減りそうもありません。こんな現状が、介護をした長男の嫁の権利を認める今回の法改正につながったともいえるでしょう。

時代の流れに合わせて物事は変わっていきます。相続もまさに時代に合わせて変わっていくのです。

相続も「高齢化」している

実際、相続が発生する年齢は何歳くらいだと思いますか。

前にも少し触れましたが、私たちが集計した2017年のデータを見てみましょう。

一次相続では、ほとんどが配偶者の1人である父親が亡くなるケースが多いので、母親とその子どもたちが相続人となります。このときの年齢は、母親が80歳代、長男など子どもが50歳代です。

次に残された母親がなくなる二次相続では、被相続人である母親は90歳代、長男などの子どもは60歳代となっています。

つまり、現在の親から子への相続というものは、親が80～90歳代、子どもが50～60歳代というパターンが大半になっているのです。

このように相続の年齢が上がっている大きな理由は、いうまでもなく「長生き」になったからです。

日本が超高齢社会となったように、相続も高齢化しています。特に女性が90歳代まで生きるのは、もはや当たり前となっているのです。

こんな「長男」はモメやすい

きょうだいの構成と相続は、切っても切れないものです。

本書のテーマである「長男」にスポットを当ててお話ししましょう。

まず、いちばん年長の「長男」の方、つまり第一子が長男の場合は、安心してください。経験上、年上かつ長男の場合は、大きくモメることはあまりありません。特に長男が両親と同居している場合は、まずモメません。長男が土地や家屋を受け継ぐことに文句をいう人は、ほとんどいないだろうからです。時代は変わっても、やはり生まれた順番はいまだに大きいのです。

気をつけなければいけないのは、長男の上に長女がいる場合です。「一姫二太郎」は、相続では喜ばしくない可能性があるのです。

例えば第一子が長女、第二子が次女、第三子が長男の場合で考えてみましょう。本家意識が強いご両親の場合、長男に財産を相続させたいと思うかもしれません。

最近のケースとして増えてきているのが、同居している本家の長男が独身、あるいは結婚していても子どもがいないケースです。

別居の長女と次女夫婦には子どもがいます。すると長女、次女である姉たちはこういいます。

「本家、本家っていうけれど、本当に本家といえるの？　子どもがいないなら家は継げないじゃない」と。

あるいは「私の子どもを養子にしたらどうなの？　本家でもないのに、本家みたいな顔をしないで」と。だから均分相続にしなさいというわけです。

長男が独身の場合は、さらに辛辣《しんらつ》な攻撃がなされることがあります。

「あなたは独身で自由気ままにやってきて、同居していても親の面倒を見ているのか、面倒を見てもらっているのかわからないじゃない」

「パラサイトしているだけだったんじゃない？　朝起きて家の手伝いはしたことあるの？　掃除したことはあるの？」

「お父さん、お母さんと一緒に食事はしているの？」

「結局、あなた（長男）が相続をしたら、好き勝手に使って終わってしまうんじゃないの？」

などなど。

私たちが見ていても、「ここは本当に本家なのだろうか」と思うケースもありますし、長女、次女のいうことももっともなのです。

ただ、モメるケースというのは、どちらかが明らかに悪くて、どちらかが正しいということはまずありません。どちらの言い分ももっとも、というケースが８～９割です。だからこそモメるのです。

きょうだいは相続の最大の利害関係者だった！

長男が両親と同居している場合はまだいいのですが、長男夫婦が別居している場合、何が本家かわかりにくくなってしまい、モメる原因になります。まして、長男は別居していて、長女や次女が同居している場合はさらに要注意です。

ここで重要になってくるのが、長男のリーダーシップです。

サッカーのチームでいうと、年配者がいちばんの実力者であれば、チームもまとめやすく、何の問題もありません。難しいのは、先輩がたくさんいるなかで、チームをまとめなければならないときです。こういうチームのときは、リーダーシップのとり方も変えていかなければなりません。

年配者に相談をするなどして上手に先輩を立てながらリーダーシップをとっていくなど、戦略も必要です。ここは長男の腕の見せどころでしょう。

例えば、普段から長男が長女や次女の意見を聞きながら、時には自分が損をすることになってもなんとかまとめていこうという姿勢が見られるなら、大きくモメることはないかもしれません。

一方、同じ状況でもモメないケースがあります。

例えばきょうだいのなかに、仕事や趣味など強い関心事を持っている人がいるケースです。そういった人は、モメ事は時間の無駄だと思っています。ほかに楽しいこと、やらなければならないことがあるからです。

「こんなに忙しいのに、なんで相続のモメ事に時間を取られなければならないんだ」という人がきょうだい、親族に多ければ、話は比較的スムーズに進むかもしれません。

逆に仕事も趣味もなく、時間に余裕がある人がいると、モメる可能性が高まります。

いちばん大切なのは、本家がその都度気をつかっていることです。

きょうだい構成はあとから変えることができません。本家意識が強すぎると、なんでも自分で決めたがる傾向がありますが、今はもうそんな時代ではありません。例えば同居の長男で、相続するのがもっともな状況であっても、何かあるたびに長女や次女に相談することです。

特に長男は、「きょうだいが相続において最大の利害関係者であること」を認識することが大切です。利害関係者だからといって、闘う姿勢を見せるのは愚かなことです。本来、きょうだいはそんな存在ではないはずです。

きょうだいの関係は、ある意味、親子関係よりも難しいのかもしれません。親が健在なうちは交流もありますが、両親が共に亡くなり、二次相続が終われば、疎遠になってしまうことも多いでしょう。

モメるモメるとあまり書いてしまうと、洗脳してしまうようで心苦しいのですが、もちろん、相続が必ずモメ事につながるわけではありません。スムーズに話し合われているごきょうだいも多いことは、強調しておきます。

親に相続対策を迫ってはいけない

いくらモメ事を避けたいからといっても、やっていいことと悪いことがあります。

避けてほしいことの筆頭に挙げられるのが、親に遺言を書いてくれと迫ったり、相続対策をしてくれ、相続税を払えるようにしておいてくれ、と迫ったりすることです。

確かに遺言があれば、モメ事を避けやすくなりますし、相続対策をしてもらえれば、残された子どもたちは楽かもしれません。

子どもの立場からすれば、その気持ちもわかります。

しかしながら、特に長男に改めて認識してほしいのは、自分の親であっても、相手は80歳代、90歳代の高齢者であるということです。

子どもというものは、自分の両親にはいくつになっても甘えてしまうところがあります。

でも、50歳代、60歳代である大人が、自分は努力しないで親にすべてを求めることは、いかがなものかと思いますし、実際、うまくいかないことが多いようです。

これについては私たちにも責任があると思っています。

相続対策というと、つい相続人の立場、つまり子ども側に立って発言してしまうことが多いのです。もっといえば、相続対策のセミナーや本でも、何歳の人に向かって話すのか、想定しないことが多いのです。

50歳代、60歳代の子どもに向けて話すのか、80歳代、90歳代の親に向けて話すのかで話す内容は本来違ってくるはずなのです。

50歳代、60歳代の子どもに向けて相続対策を話せば、80歳代、90歳代のご両親の感情を逆なでしてしまうこともあるかもしれません。それまでの人生でご両親がやってきたことを否定することにつながることさえあります。

なんとか遺言を書いてもらおう、相続対策をしてもらおうとすることは、ご両親にとって「死」を前提にすることであり、非常にデリケートな問題だということを肝に銘じておいてください。

円満相続の長男はこんなことをやっていた！

モメない相続ができたケースでは、長男はどんなことをやっていたのでしょうか。

実際にあった例をいくつか紹介しましょう。

父親が亡くなった一次相続のとき、長男がかなり広い土地を相続しました。残された母親が亡くなる二次相続の前に、このご長男はその土地の一部を売りました。普通に考えたら、長男は自分が相続した土地の一部を売ったのですから、売った代金は自分のものにしていいわけです。

でもこのご長男は、「私1人で使うのもなんだから、お姉さんたちも使ってくれ」と、代金の一部を長女、次女に分けたのです。

その後、母親が亡くなり、二次相続の遺産分割協議となりましたが、あっさり円満に終わりました。当然ですよね。

これはレアケースかもしれませんが、ここから学べることは多いと思います。

人というものは、得てして自分のいいことは隠して、つらいことや大変だったことを話すものです。例えば宝くじで大金が当たったら、誰にもいわずに独占したいと思うのは当たり前の感情ですし、ずるいわけでもなんでもありません。

ところがこの長男のように、いいことがあったら話をして共有する、人にも差し上げるといったことができると、「損して得取れ」ではないですが、あらゆることがうまく回り出します。

もう1つ、長男である本家の気づかいに感心した例があります。

分家の娘さん、つまり長男から見ると姪《めい》がピアノを習いはじめたと聞いたら、ピアノをプレゼントしたというケース。なかなかできることではありませんが、いろいろなご家族を見てきて、相続がスムーズにいっているケースでは、本家が甥《おい》っ子や姪っ子に、何かにつけプレゼントを贈っていることが多い印象があります。

高価なものであればあるほどいいのは間違いありませんが、それよりも大切なのは日頃の本家側の気づかいです。

例えば、法事や子どもの結婚式をするときは、特別なお土産をつけたり、交通費を渡したり。「気をつかってお金を使う」姿勢が大切です。ピアノのように高価ではないですが、こうした気づかいを重ねておくと、将来、遺産分割協議になったときに分家の人たちから起こるかもしれない批判や反発をやわらげることができます。

こうした本家の気づかいにおいて、重要な役割を果たしているのが長男の嫁です。本家である長男の気づかいの最大の抵抗者は、長男の嫁であるといっても過言ではありません。

例えば先のピアノの例で、もしも長男の嫁が、

「あなた、姪っ子にこんなにお金をかける必要があるの？」

「うちの子どもにだって買ってあげていないのに、やりすぎよ」

「あなた、自分の実家のことになると一生懸命ね。私の実家には気をつかってくれないのに」

などといったらどうでしょう。

ここで大切なのが、夫婦間のコミュニケーションです。相続とは、本家を守るということはそういうことなのだということを、長男が日頃から妻に話しておかなければ、思い切ったことはできにくくなります。

もちろん、私たちはスムーズな相続を進めるためのアドバイザーをしているわけでも、統計を取っているわけでもありません。でも相続がうまくいっているご家族の例を見ていると、このような共通した配慮をされていることが、あとからわかるのです。

損な役回りをする人に、結局いいことが起こる……これは私たちが横から見ていて、日々実感していることです。

長男は一家の「マネージャー」

何度もいいますが、モメない相続のカギは「長男」が握っています。

先に長男のリーダーシップのとり方に工夫が必要、とお話ししましたが、リーダーとは何かというと、常に全体を見て我《が》を出さないということでしょう。

「俺が俺がの我《が》を捨てて、お陰お陰の下《げ》で生きる」

という、江戸時代の僧侶・歌人である良寛《りょうかん》の言葉があります。自分さえよければいいという自己中心的な生き方ではなく、自分の利益はさておき、他人の利益を考えて生きるのです。

墓守《はかもり》などは本当にそうですよね。負担ばかりでメリットはないように見えます。でも家を守るということはそういうことなのでしょう。

「自分が自分が」という態度を変えなければ、信頼を得ることはできません。

家のことを本当に考えている長男とは、自分の利益を利益にしない人格者というよりは、そもそも意識が違う印象を受けます。

どういうことかというと、リレーランナーのように、家というバトンを受け取り、そのバトンを代々引き継いでいく1人という意識です。ですから「俺のものになった」「俺が所有している」という意識ではなく、次の代に渡すためのバトンを持っているに過ぎないという考え方なのです。

また、見方を変えれば、長男の役割は「マネージャー」のようなものともいえます。

経営学者であるドラッカーはいいます。マネージャーにとっていちばん必要なものは真摯《しんし》さです。

野球部のマネージャーなら、チームが勝つことに真剣に取り組んでいるかどうかです。それが本家なら、本家を守ることに真剣に取り組んでいるかどうか。

家というものを守る、土地を守る、代々続いている伝統を守る、墓を守る……目に見えるもの、目に見えないものも含め、家を真摯に守っていく姿勢は、まわりには伝わるものです。

経営者も同じようなものです。

会社を経営していくのに必要なのは、戦略がいいとか、営業力があるといった技術的なことよりも、会社を良くするため、会社を成長させるためになにがいちばん大切かを常に真剣に考えている姿勢ではないでしょうか。

個人主義の時代に、本家だの分家だのと考えが古いといわれてしまいそうですが、相続に関しては、まだこういった古いものが残っているのは事実です。だからこそ本家を守るためには小手先のテクニックは通用せず、愚直なまでの真摯さが必要なのです。

もうそんな古い考えは切り捨てて、勝手に生きようよ、そういいたい人もいるかもしれません。もちろんそれでうまくいくなら、いいでしょう。でも、古きものの良さも忘れないでほしいと思うのです。

「モメてしまって時間切れ」を防ぐ

相続において、長男というマネージャーが必要な理由の1つは、相続税の申告にタイムリミットがあるからです。

相続税は親が亡くなり相続が発生してから、10カ月以内に申告すると定められています。10カ月もあれば十分と思われるかもしれませんが、そのあいだにやらなければならないことは山のようにあり、あっという間に過ぎていってしまうのが実情です。ここでモメていたら、貴重な時間をロスしてしまう可能性があるのです。

まず、親が亡くなってからの2カ月はご葬儀に加えて各種の手続き、四十九日の法要で過ぎていってしまうため、実際には残りの8カ月でおこなわなければなりません。

私どもでも、最初の2カ月が過ぎた頃に、「どうされますか」とお聞きするようにしています。

残りの8カ月で税理士に依頼して相続財産の確定をしてもらい、遺言書の確認、遺言書がない場合は遺産分割協議をして相続税の申告書をつくり、税務署に申告して相続税を支払います。

相続税の申告書の提出期限は、相続税の支払い期限と同じ10カ月です。

相続税の課税対象であるにもかかわらず、期限まで申告しなかった場合は、無申告加算税が加算されてしまいます。

また、相続税を支払わなくてはいけないのに支払いが遅れた場合は、延滞税が課せられてしまいますので、注意が必要です。

モメることで、余計な税金を支払わないようにするためには、長男がうまく舵取りすることが大切なのです。

相続は2回やってくる

先に、一般的に相続は2回やってくるとお話ししました。

具体的には、両親の一方（多くは父親）が亡くなったときに発生する相続を一次相続、その後、残された配偶者（多くは母親）が亡くなったときに発生する相続である二次相続の2回です。

一般的に、一次相続でモメ事が起こることはほとんどありません。なぜなら、残された母親を前にして、子どもたちが争ったり、不満をいったりすることはまずないからです。

一次相続の傾向としては、その家庭の財産の大半は亡くなった夫のものであり、その夫が先に亡くなります。ですから、一次相続が発生した際には、先のことは考えずにとりあえず今は配偶者（多くは母親）がすべて相続する、というケースも多くなっています。いずれ母親が亡くなったときには、その財産は子どもたちに引き継がれることになると想定されるため、その時点でモメることは少ないのです。

なおかつ相続税も、多くはかかりません。一次相続では「配偶者の税額軽減」「小規模宅地の評価減」という2つの税額軽減措置があるため、多額の相続税がかかることはまずないのです。

○配偶者の税額軽減

生存配偶者に対し、課税価格（相続財産から債務や葬式費用などの控除額を差し引き、一定の生前贈与額を加算した金額）が、次のア、イのどちらか多い金額まで、相続税がかかりません。

ア／1億6000万円

イ／法定相続分（通常は2分の1）相当額

大ざっぱにいえば、受け取る遺産が1億6000万円と総財産の半分のいずれか大きい金額未満ならば、相続税は0円です。このため一次相続では遺産のすべて、あるいは大半を配偶者が相続するケースが多くなっているわけです。

○小規模宅地の評価減

相続した家に住み続ける人への優遇措置です。夫が亡くなっても、妻はその家に住み続けます。「小規模宅地の評価減」が適用されると、自宅の敷地の評価額が限度面積の範囲で８割安くなるため、相続税も安くなります。

これで住み慣れた家を相続税支払いのために出ていくことを防ぐというわけです。

ところが残された母親が亡くなった二次相続では、このような優遇措置はありません。子どもたちが親の遺産を相続することになるため、多額の相続税がかかってきます。

また二次相続ではお金のことだけでなく、きょうだい間の感情の問題が出てきます。もう親という歯止めが利かないため、子どもたちは独立した個人として、意見をいい合うようになるわけです。

本当は、一次相続が発生したときに、将来必ず発生する二次相続のことを想定して相続対策をすべきなのですが、実際に進めている人はまだまだ少ないのが実情です。

また私たちの統計では、一次相続と二次相続のあいだには18年もの長い期間があります。

その間の残された母親の生活を考える必要があります。

やはり、相続が発生したときだけ動くのではなく、その前後の対策が大切なのです。

次の章からは、実際に一次相続と二次相続に分け、具体的に長男が相続でやるべきこと、やってはいけないことを解説していきましょう。

コラム 「住まない実家」がモメ事のタネになる!?

今、日本では「空き家」が社会問題になっていますが、その背景には相続の高齢化があります。

親が長生きになり、子どもたちが実家を相続する50～60歳代の年齢では、その多くが自宅を所有しています。そんな状況で実家を相続しても、住み慣れた町を引き払って、家族みんなで実家に引っ越すケースはまずありません。

これが親が50～60歳代、その子どもが20歳代であったら話は別です。20歳代で持ち家がある人はごくわずかです。実家に引っ越す可能性も高くなるでしょう。かつてはこのように、20歳代、30歳代で親を亡くしていた人もいたので、今のように空き家は増えませんでした。

ところが、日本人が長生きになり寿命が延びたために、相続が高齢化し、「住まない実家」が増えていったのです。

この「住まない実家」が今、相続において問題になっています。なぜかというと、不動産は分けにくく、換金しにくいからです。

これが預金だったら大きな問題にはなりません。

ちなみに相続税の課税対象となる財産の内訳データを見てみると、２０１７年では土地家屋で全体の約50％、現金預金が約30％でした（税理士法人レガシィ調べ）。

やはり資産の多くが土地家屋なのです。もしも現金預金の割合が70～80％なら、そうそうモメることはないでしょう。

住まない実家は、その維持にもお金がかかります。

まず、相続税が割高になります。もし、もともと実家で親と同居していて、その実家を相続して住み続けるのであれば、先ほど述べた「小規模宅地の評価減」の制度が適用されます。しかし、原則として、被相続人と同居していなければ、この制度は適用になりません。

また、人が住まない家はすぐに荒れてきます。窓を開けて換気をしたり、庭の雑草を取ったりするなど、ときどき訪ねてメンテナンスする必要があります。さらには防犯上の問題もあります。そのために実家に通う交通費もばかになりません。

空き家管理サービスもありますが、これも費用がかかります。

相続（財産・債務）の内訳

【2017年】

財産内訳	割合（%）
土地等	42
家屋等	6
同族株（配当）	2
同族株（その他）	
その他	8
生前贈与	1
合計	**59**
債務等	-10
小計	**49**
現金預金	34
上場株式	13
公社債	
受益証券	
生命保険金	3
退職手当金	1
小計	**51**
計	**100**

【4年平均（2014～2017年）】

財産内訳	割合（%）
土地等	48
家屋等	6
同族株（配当）	2
同族株（その他）	
その他	8
生前贈与	1
合計	**65**
債務等	-13
小計	**52**
現金預金	31
上場株式	13
公社債	
受益証券	
生命保険金	3
退職手当金	1
小計	**48**
計	**100**

相続税の課税対象となる財産・債務データをまとめたもの。４年平均を見ると、不動産（土地・家屋）だけで５割近くを占めている。（税理士法人レガシィ調べ）

空き家をそのままにすると、周辺から苦情が持ち込まれるようになるため、最終的に解体することになります。その場合も、解体するための費用がかかります。

こうして考えると、「住まない実家」はもはや資産というよりは不良資産に近いものになってしまいます。

とはいえ、思い出の詰まった実家を、心情的にすぐ売る気にならない人が多いのもまた事実です。

私どもには相続不動産専門のコンサルティング部門があります。そこでは相続する不動産の評価だけでなく、価格査定などのお手伝いもしています。もちろん相続後の不動産の活用や処分などのご相談を受けることもよくあります。ただし、相続後すぐに実家を売る必要はありません。

一般的に、気持ちの整理がついて「売ります」となるまでには、空き家になってから2、3年かかることが多いのが現実です。周辺から苦情が来て、いよいよ売らざるを得なくなり、ようやく決心がついたという人もいます。

以前は、このような短い期間のなかで相続税の申告をし、実家の売却はその後にゆっくり考える……という方が少なくありませんでした。

ところが最近では、なるべく早く実家を売却しようという人が増えてきています。亡くなってからさまざまな手続きを終えた2カ月後あたりにうかがうと、相続税の申告期間である相続開始日から10カ月のあいだに売却したいというご相談を受けます。

「住まない実家」が空き家になっていることや、不動産の相続でモメることがあるという実情をご存じの方も増えてきて、いろいろと段取りよく準備してくださるお客さまが増えているのでしょう。

なお、「住まない実家」を相続するためのヒントは、税理士法人レガシィ代表の天野隆が、『やってはいけない「実家」の相続』（青春出版社刊）という本にまとめました。あわせて参考にしていただければと思います。

第2章

父の相続での「やってはいけない」

はじめての相続で「長男」がすべきこと

1 相続以前

遺言書には3種類ある

遺言とは、亡くなった人の意思を示したものであり、親が家族への思いを伝え、子どもに残せるメッセージであるともいえます。

遺言書には次のような3つの特徴があります。

・被相続人（遺言者）があらかじめ、遺産の分け方を指示してくれる
・遺言によってモメ事を減少したり、回避したりすることができる
・遺留分を侵しているとモメてしまう

遺留分とは、相続財産のうち、法律上、一定の相続人に必ず残しておかなければならない割合額のことです。子どもは法定相続分の半分が遺留分として認められています。遺言がこの遺留分を侵している場合には、相続権があるきょうだいなどから遺留分侵害額の請

求をされることがあり、その場合はこれに応じなければなりません。
効力のある遺言書には、主に「自筆証書遺言」「公正証書遺言」「秘密証書遺言」の3種類があります。それぞれについて説明しましょう。

①自筆証書遺言

本人が遺言書の全文・日付・氏名を自分で書き、捺印《なついん》します。代筆やワープロ文書で印刷したものは無効です（＊）。遺言書封筒の封印は、本文に捺印した印鑑と同じものにすることが望まれます。

日付は年月日が特定できなければなりません。実際、年と月までは正確に書いたのに、日付を「吉日」としてしまったために裁判で遺言が無効となった例がありました。

自筆証書遺言のメリットは、費用がかからずいつでもどこでも簡単に作成でき、遺言書の内容やその存在自体も秘密にできることです。

一方のデメリットは、記載にミスがあると無効になる恐れがあること、保管が難しいことです。見つかりにくいところに保管しておくと、死後に発見されない場合もあります。また、他人による偽造・変造・破棄の恐れもあります。

自筆証書遺言を死亡後に開封するには、家庭裁判所の「検認」（＊）が必要です。これは、遺言書があったことを相続人全員に知らせるとともに、遺言書の中身を確認して、それ以降の偽造や変造を防止する手続きです。

＊今回の相続法の改正によって、自筆証書による遺言が、これまでよりも簡単に書き残せるようになります。
先述したように、自筆証書の遺言は手軽に書ける半面、自分で保管するうちに紛失する可能性もありました。そこで法務局で保管する制度が新設され、この場合には「検認」が不要となりました。

また、自筆証書による遺言では、財産の一覧をまとめた財産目録も自筆でおこなわれていましたが、不動産の表示を登記簿通りに記載することは素人には難しく、さらに預金や株式などの財産は、自筆での遺言作成後も数字が更新されるため、そのたびに書き直さなくてはなりませんでした。そこで新制度では、財産目録部分に限り、ワープロで作成し、全ページに署名・捺印したものとすることが可能になりました。そのため、上書きして随時更新ができるようになります。

②公正証書遺言

公証役場に出向いて、公証人のほかに2人以上の証人が立ち会って作成します。遺言の内容を本人が公証人に伝え、公証人がその内容を筆記します。その内容を本人と証人が承認し、署名・捺印します。

「原本」は原則として20年間公証役場に保管され、遺言者には「正本」と「謄本」が渡されます。

公正証書遺言のメリットは、記載に不備のない遺言書を作成できることです。滅失・隠匿・偽造・変造の恐れもないため、そういった意味では、最も安全で確実であるといえるでしょう。

デメリットは、内容を公証人や証人にいわなくてはならないため、精神的なストレスがかかることです。また作成のための費用もかかります。財産額が多ければ多いほど、公証人の手数料も高くなります。

③秘密証書遺言

自筆で署名・捺印したうえで封印した遺言書を公証役場に持って行き、2人以上の証人の立ち会いのもとで、その遺言書の存在のみを公的に認定してもらう方法です。

自筆証書遺言の手軽さと、公正証書遺言の安全性と確実性をあわせ持つ遺言書であるといえます。

また遺言書の本文は代筆でもワープロ文書でも構いません。秘密証書遺言のメリットは、内容を秘密にしておけることです。滅失・隠匿・偽造・変造の恐れもありません。自筆のために、文章の内容の自由度が高く、気軽にとりかかることができます。

しかし一方で、自筆証書と同じく、執行時には家裁の検認の手続きが必要であること、記載に不備があった場合は無効になるというデメリットもあります。

遺言書を書く人は意外に少ない

相続法の改正で、遺言書作成のハードルは精神的にやや下がったとはいえ、相続の実務に携わっている私どもからすると、遺言書を用意するのは難しく、実際に書いている人はごく少数です。

実際、２０１７年のデータでは、遺言書を作成していた人の割合はわずか９％、課税価格5億円以上の方でも、ここ4年間の平均で20％の方しか作成していませんでした（税理士法人レガシィ調べ）。

遺言書を書きにくい理由には、いくつか考えられます。

第一に、「自分の死を見つめ準備するのはつらい」ということです。ひと言でいえば、気が進まないのです。

遺言書を書くことそのものが、自分が死ぬことを前提にしています。当たり前のことなのですが、これが本人にとっては非常につらいことなのです。

もしこの本を読んでくださっているあなたがまだ若ければ、この気持ちはなかなか理解しにくいでしょう。ならばこのようにいわれたらどう思うでしょうか。

「あなたは必ず重い病気にかかり、動けなくなるので、病気になる前に書き残しておきたいことを書いておいてください」

どうですか？　嬉しくないですよね。病気になる前に、病後のことを用意しておけ、といわれることほどつらいことはありません。

2つ目の理由としては、新しいことをするのがそもそも億劫《おっくう》であることです。

相続を意識する年齢になると、できるだけ面倒なことは避けたくなるもの。手続きに手間がかかったり、書式が面倒であるうえに、それが死んだあとのこととなれば、敬遠したくもなるでしょう。

3つ目は、子どもを差別したくないという意識です。

遺言は財産の取り分を親が決めるためのものです。いってみれば、子どもへの愛情に差をつけるようなもの。子どもを不平等に扱うのは親としては忍びないことですから、できれば書かずに済ませたいのです。

では、一次相続と二次相続では遺言書の有無にどれくらい差があるのでしょうか。

一次相続で遺言書を作成していた人の割合は、4年平均で8%でした。ところが二次相続では13%と、わずかですが増えています（税理士法人レガシィ調べ）。

これは言い換えれば、父親が亡くなったときには遺言書はなかったが、母親が亡くなったときには遺言書が残されている可能性があることを意味しています。

おそらく、父親が亡くなったときの経験から、母親が遺言書の必要性を感じて作成しておいたと考えられます。やはり一度経験しないと、遺言書の必要性は感じにくいのでしょう。

遺言書より家族信託がいい理由

被相続人である親に、自分の死を想定して遺言書を書くことはすすめられない、でも相続対策はしておきたい……そんなとき、相続を話題にせず、気分も害さずに相続対策をおこなうことができるのが、「家族信託」です。

家族信託とは、資産を持つ人が、特定の目的（例えば自分の老後の生活や介護などに必要な資金の管理や給付など）にしたがって、保有する預貯金や不動産、有価証券などを信頼できる家族に託し、その管理や処分を任せる仕組みです。

家族信託というと難しく聞こえますが、例えばある年齢になると、自分の預金通帳の管理さえ億劫になりますよね。そこで預金通帳の管理を子どもに任せたとします。これを専門用語でいうと、預金に関して家族に信託した、といいます。

平たくいえば、億劫なものを信頼できる人に預けて、その人に任せるという仕組みです。

比較的気軽にできる手法ですが、口約束だけではもちろんダメで、税理士、弁護士、司法書士などが契約書を作成する必要があります。

家族信託は「民事信託」の1つです。民事信託は家族でなくても、非営利目的で財産管理を引き受けてくれる第三者に託すことをいいます。

とはいえ、他人に任せるよりも、家族がいちばん信頼できると考える人は、家族信託を選択するでしょう。

家族信託のメリットとしては、相続を持ち出さず、被相続人である親の死を前提にしないでおこなえるということがあります。

「そろそろ相続対策のこと、考えてよ」などといわなくても、「この土地を有効活用しようよ」というような前向きな言い方ができ、信託の目的に従っていれば子どもの立場で堂々と節税対策や運用ができるのです。

そしてもう1つ、大きなキーワードといえるのが、「認知症対策」です。ご両親にはいいにくいことですが、今や認知症対策は、避けては通れないものになりつつあります。

家族信託をしておけば、ご両親が認知症になっても、財産管理、運用、処分ができます。これが託す人の判断能力がすでに低下してしまってからでは、家族信託はできなくなります。

そうかといって「認知症になる前に家族信託をしましょう」という言い方はもちろんで

きませんから、「億劫な財産管理や運用を、お子さんにやってもらいませんか」というお話をするようにしています。

家族信託をしておけば、相続時は、財産の凍結による資産価値の低下や、空室のリスクなどを防げ、相続の手続きもスムーズにできます。それに加えて、分割協議もしやすいでしょう。

また、相続人のどなたかの今後の生活が心配なときも、家族信託はおすすめの方法です。例えばお子さんが障がいを持っている、引きこもりになっている場合など、親御さんが早めにこの信託をして、そのお子さんの資産を守る対策を進めておくといいでしょう。

さらに、お子さんがいらっしゃらないご夫婦や再婚の場合などのケースでは、いざ相続のとき、奥さまが取得したあとに、奥さまが万が一の際、その兄弟（姉妹）に相続不動産が分散してしまう可能性があるため、これを防止する手段として家族信託を利用する方もいます（受益者連続型信託といいます）。

現在、家族信託の相談は増えており、今後も増えていくでしょう。

血縁以外を養子縁組することもある⁉

年間で1000件以上もの相続の手続きにかかわっていると、いろいろなケースを目にします。

こんなケースがありました。

ある80歳代の女性のお話で、1人息子さんは50歳代で、ある障がいを持っていました。ですから、ご自身の老後のことは息子さんには任せられないという状況だったのです。

そこでその女性は、とても親切にケアをしてくれていた介護ヘルパーを養子縁組し、娘にしてしまったのです。

驚いたのは、その女性のメインバンクとなっている銀行の支店長です。「私は娘です」と名乗り預金を下ろす介護ヘルパーを見て、「だまされているのではないか」と思ったのです。当然そう思いますね。銀行側も私たちもいろいろと調査しましたが、結果としてはだまされているわけではありませんでした。

それどころか、女性は「この人がいちばん私のことをよく見てくれ、親切にしてくれるのです」といい、その介護ヘルパーと同居までしていたのです。

実は、ご本人は百も承知だったのです。その介護ヘルパーが決して親切心だけでケアしてくれているわけではないことを――でも、それをわかったうえで養子縁組しました。

なぜなら、ほかに自分の老後の面倒を見てくれる人がいないからです。「心から」ではなくても、表面上は親切にケアしてくれ、丸くおさまっているのだからいいじゃないかと、ある意味割り切っているわけです。銀行員も私たちも、驚いてしまいました。

このほかにも、家族に冷たくされたために、家政婦を養子縁組したケース、取引先の証券会社の社員を養子縁組し、同居してしまったケースもありました。

相続の現場では、実際にこのようなことがあるのです。現実は、テレビドラマよりもずっとドラマチックなのです。

ちなみに、万が一のときは、養子縁組はいつでも解消できます。

今、現実的に子どもがいないご夫婦も増えています。この先、姪っ子や甥っ子などの血縁者はもちろん、血縁ではない人も養子縁組し、財産を託すケースは増えてくるのではないでしょうか。

また、養子縁組は節税にもなります。

養子は養子縁組をした日から実子と同じ身分になりますから、当然、相続人の1人になります。養子縁組をおこなうことで、相続税の基礎控除が養子1人につき600万円増額します。さらに相続税率が下がり、節税につながるのです。

ただし、民法上は無制限に養子を増やせるものの、税法上は実子がある場合には1人まで、実子がいない場合でも2人までしか法定相続人の数に算入できないという制限があります。

また相続税の計算は、基礎控除後の課税価格を法定相続人が法定相続分にしたがって分け、分けたところでの税率で計算します。養子縁組をすることで法定相続人が増える（ただし、前記の通りの算入制限があります）ので、1人あたりの相続分は少なくなります。そうなると、税率が変わることがあるため、相続税を少なくできるのです。

もちろん明らかに節税目的での実態の伴わない養子縁組は通用しません。養子縁組をするのももっともだという、大義名分が必要です。

養子縁組する理由として最も多いのが「墓守」です。

長男の息子、つまり孫を養子縁組して、将来「墓守」をする子どもだから、直接相続させたいとして養子縁組するケースなどは多いものです。

次に多いのが、同居する長男の嫁を養子縁組するケースです。将来介護のお世話になる人だから、という理由です。

「相続対策」以前に大切なコミュニケーション

親に相続対策を気持ちよく進めてもらうには、相続対策うんぬんの前に、日頃から親とコミュニケーションをとれているかどうかが大切です。

私たちのところに相続の相談にいらっしゃる場合、財産所有者である親御さんが来ることはまずなく、通常は50歳代の息子さんや娘さんが来られます。対策を実行するのは親御さんですが、相続税が安くなるのはお子さんである推定相続人だからです。

親とすればいくら子どものためといえども、立派な50歳代の大人ですから、親自身が積極的に動くケースは多くはありません。

まず、相続人である子ども側が自覚しておかなければならないのは、「いくつになっても子どもは親に甘えるものだ」という「甘えの自覚」です。

これは80歳代と50歳代の親子、90歳代と60歳代の親子であっても同じです。

もちろん子どもが小さいときは、親は子どもに甘えさせるものですが、その子どもが人の親となり、立派に自立してくると、その甘えが親の我慢の限度を超える場合があります。

親に対して子どもの側が、「もしこれが他人だったら、こんなことがいえるだろうか」「こんなに甘えられるだろうか」と考えてみるのも1つの方法です。

その自覚があれば、親に対して「遺言を書いておいてね」「しっかり相続対策はしておいてね」などという言葉は出てこないのではないでしょうか。

相続対策において、実際に動くのは50歳代の子どもですが、意思決定者はあくまでも80歳代の親です。わかりきったことと思われるかもしれませんが、ここをよく自覚しておきましょう。

そのうえでご両親に寄り添い、その願いを聞きましょう。

「聞き上手」な長男になる方法

相続対策のポイントは、子どもが「聞き上手」になることです。

最初のステップとしては、お子さんが１人で親の自宅を訪ね、会話をすることです。「１人で」というところがポイントです。

日頃から親子のコミュニケーションをする機会が減っている人は、最初は難しいかもしれません。

でも、子どもが１人で訪ねることで、普段はお嫁さんに遠慮して話せないことがある親御さんも、話せることが出てくるかもしれません。結婚してしまうと、めっきり親と子どもだけで話せる機会は減ってしまいます。

久しぶりの親子水入らずです。そこで、将来どうしたいのか、ご両親の願いや希望を聞いてみましょう。慣れないうちは照れくさいかもしれませんが、多少時間はかかっても、親となんでも話せる関係を築いておくことは大切です。

ちなみに同居の長男の場合は、日頃のコミュニケーションが取れているから大丈夫、と思いがちですが、あながちそうともいえません。

別居のケースと違って、いろいろな形で話は進んでいるかもしれませんが、むしろ距離が近すぎて、お互いにイライラしてぶつかることが多くなります。

「これだけ面倒を見ているんだから」などという意識があると、話が進みません。いいたいことがいいやすい関係だからこそ、話がこじれると別居のケースよりも厄介になる場合があります。

ここは同居の甘えをなくし、いったんクールになって、ご両親の心境になって考えることが大切です。意識としては別居の場合と同じように、少しずつ信頼関係を築きながら話を進めていきましょう。

「信頼関係を築く」と言葉でいうのは簡単ですが、親子であってもここはなかなか難しいところです。

そこで大切なのが、何度も繰り返しますが「聞き上手」になることなのです。

とはいえ、人の話を聞くことほど難しいことはありません。

人間というものは、実は話をしているほうが楽なのです。しかも人の話を聞いているようでいて、自分のほうが結構しゃべっていたということはよくあります。私たちも、お客さまとの雑談のなかから、その方が本当に望んでいることを聞き出す必要があります。そのために必要なことは、一にも二にも、お話に耳を傾けることなのです。

聞き上手になるには秘訣があります。

それは相手と同じ言葉を繰り返すことです。例えば母親が「最近、膝が痛んで買い物に行くのも大変なのよ」といったら、聞き上手な子どもなら「ああそう。膝が痛くて買い物も大変なんだ」と繰り返せばいいのです。

「ちゃんと病院には行ってるの？」などといってはいけません。お母さんはただ話を聞いてほしいだけであって、何も解決策を教えてほしいわけではないのです。

同じ言葉を繰り返すと、話題はさらに進んでいきます。同じ言葉を繰り返すことに慣れてきたら、少し質問を加えてみましょう。話がさらに進みやすくなります。

例えば「膝が痛いのよ」と母親がいったら、「膝が痛いんだね。ほかに痛いところは？」と質問します。すると、聞かれたほうは気分がいいものです。

信頼関係が築かれると、次の段階に進みます。

病気になったときはどうするのか、認知症になったら介護施設に入るのかどうか、終末医療はどうするかなど、親の口から子どもに伝えたいことが出はじめるかもしれません。

さらに信頼関係が深くなっていくと、次の段階に進みます。やがて、お墓のこと、エンディングノートのこと、遺言のこと、相続対策のことを話し合えるようになってきます。

法改正で「会社の相続」の税金が安くなる

次は事業（中小企業）を経営している場合の相続についてお話ししましょう。

長男が親の仕事を継ぐ場合、平成30年度から税制が改正され、10年間の特別措置として、事業承継税制が抜本的に拡充されました。

事業承継税制とは、親から子など、次世代に事業を引き継ぐ際に使える制度で、相続税や贈与税を減免するというものです。相続対策として生前贈与のときに使っても、相続が発生したときに使っても構いません。

もともと減免はされていたのですが、このたびの改正で、これがさらに大幅に要件緩和されたのです。

改正の内容を平たくいうと、事前に都道府県に特例承認計画を提出することを前提として、親から子へ事業を承継するときに、税金を「ほぼ」安くしてあげましょうというものです。「ほぼ」と書いたのは、今までは「少し」安くしてあげる、あるいは「条件付きで」安くしてあげるものだったからです。それが「ほぼ」安くなるということは、かなり画期的なことです。

平成21（２００９）年の税制改正で創設されたこの制度の対象となる相続事案の最大のデメリットは、親が会社の株を持っており、その株の評価が高い場合、引き継いだ子ども（後継者）は相続税を払うのに大変な思いをしなければならないことでした。そこで相続の際、ある条件を満たしていれば相続税を安くしますよ、という納税猶予の取り扱いが新設されました。

その条件は、スタートしてから後継者が5年間社長であり続け、株式を持ち続け、なおかつ従業員の８割の雇用を守ること。

しかし、従業員の８割の雇用を守るのは、そう簡単なものではありません。後継者にとってみれば、従業員の８割の雇用を維持することを条件に、納税が猶予されているのはつらいわけです。当然、それが守られなければ、一度猶予された税金を支払わなければなりません。

ところが今回の改正で、「5年間で8割の雇用維持」の条件がなくなりました（ただし、5年後に平均8割を満たせず、かつ経営が悪化している場合には、認定支援機関の助言指導を受けることになります）。これで経営者はかなり楽になったのです。

もともと、「事業を次世代に引き継いでくれるなら、税金を安くしてあげてもいいよ」という趣旨の制度でしたが、今回の改正でさらに要件が緩和されたのは、それだけ国が中小企業に頑張ってほしいと願っているということなのでしょう。

ただ、手放しで喜ぶわけにはいかない実情もあります。後継者はともかく、事業を引き継がせるほうの親が喜ぶかどうかは、また別問題なのです。

いくら法が改正されて楽になっても、後継者である子どもはそれをなかなか親にはいえません。「遺言を書いて！」といえないのと同じで、「あなた（父親）が死んだときのことを考えて、税対策（この特例では、事前に都道府県に特例承認計画を提出することなど）をやっておいて」とはいいにくいのです。

制度がどんなに良くなっても、いいやすい環境があるかどうかは、すべて個々の現場の問題です。

実際、事業承継税制での親子ゲンカはとても多いのです。親には事業をやってきたプライドと実績があります。どんなに万全に対策をしていても、最終的に「息子に事業は継がせない。やめさせる！」といった話になることもあります。

ここでも大切なのは、親子の日頃のコミュニケーションなのです。

2 基本の相続

長いようで短い！ 相続のリミットは10ヵ月

第1章でも触れたように、相続税は、相続が開始してから（親の死亡を知った日の翌日から）10カ月以内と定められています。

10カ月という期間は、長いようで短く、そのあいだに親族がやらなければならないことは想像以上にたくさんあります。

10カ月のうち、最初の２カ月はバタバタと過ぎ、次の４カ月で財産の確定をし、残りの４カ月で遺産分割協議をするというのが大まかな流れですが、もう少し順を追って説明しましょう。

まず被相続人が亡くなり、最初の２カ月は通夜と葬儀、四十九日の法要をします。同時に世帯主の変更届や健康保険や公的年金の停止手続き、公共料金の名義変更や解約、クレジットカードや各種会員など会費がかかる契約の解約や退会などなど、各種の手続きを速やかにおこなわなければなりません。

同時に、相続の準備もはじめる必要があります。最初のステップという意味では、ここで遺言書の有無も確認することになるでしょう。

遺言書があれば、相続においてはその内容が優先されるため、相続は比較的スムーズに進むことが多いものです。

遺言書がない場合（ほとんどのケースでは遺言書がないのですが……）は、誰が何を引き継ぐのか、相続人全員が集まって話し合わなければなりません。これが遺産分割協議です。遺産分割協議では、税理士に財産目録をつくってもらうのが一般的です。

私たち税理士の役目は、「相続財産の評価」（故人が遺した財産をすべて調べ、明細を作成すること）をして、相続税について説明することです。税理士は、遺産分割そのもの、すなわち誰がどう相続したらよいかについての相談には乗れません。それは法律事務になるので弁護士法違反になってしまうためです。

スケジュールに追われないためには、早めに税理士に相談して動くことです。相続発生から3カ月～6カ月頃までのあいだに、いかに早く動いて相続財産を確定するかが、この

相続の手順とその期限

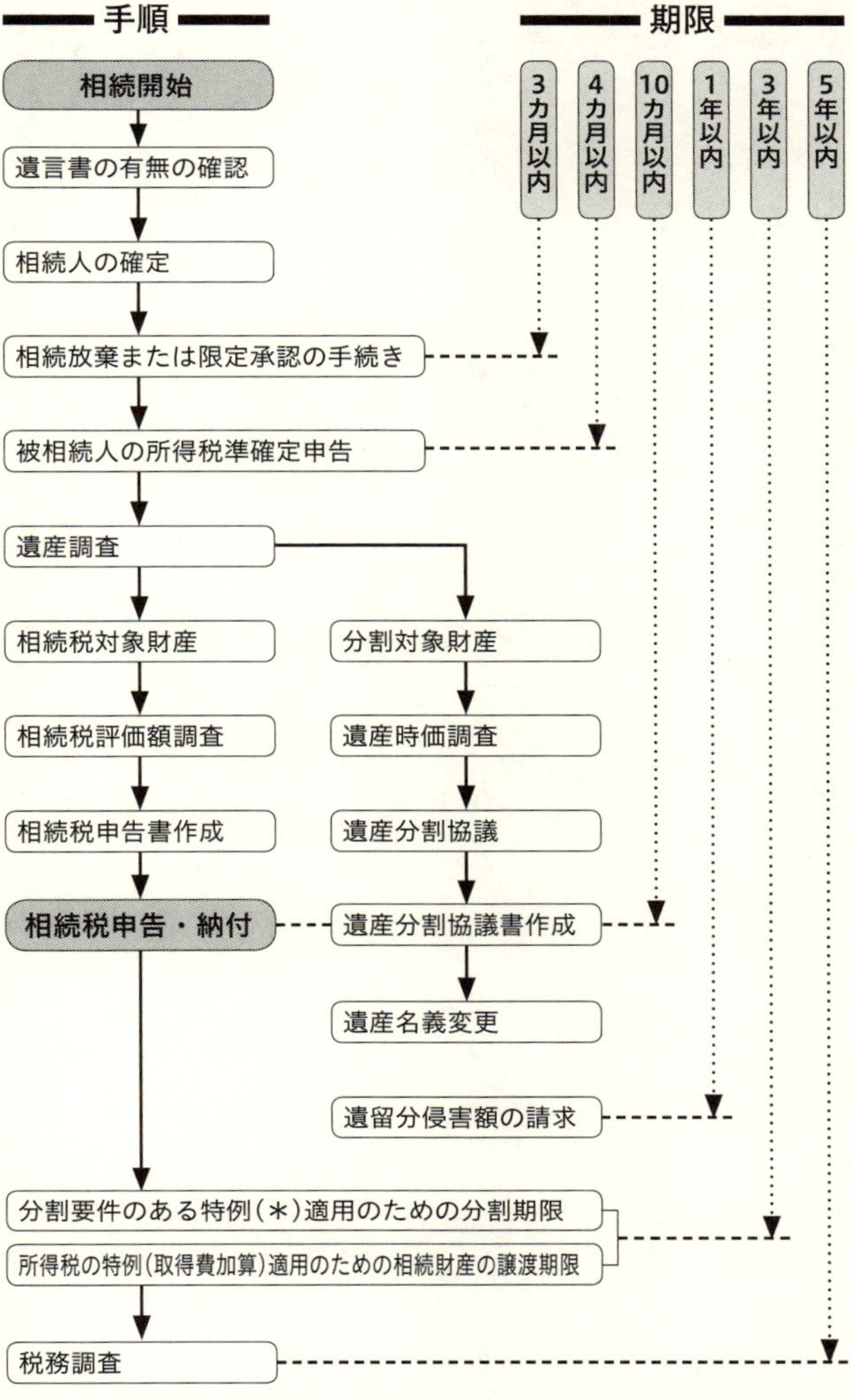

＊配偶者の税額軽減(相続税法第19条の2)及び小規模宅地の評価減(租税特別措置法第69条の4)

あとの遺産分割協議をスムーズに進めるためのカギになります。

7カ月～10カ月くらいまでのあいだに遺産分割協議をおこないます。ここが、ケースによっては修羅場になる期間です。

遺産分割協議さえまとまれば、遺産分割協議書を作成し、相続税を計算します。そして相続税の申告書を作成して税務署に申告し、相続税を支払います。

スムーズに進めるにはコツがある

申告期限までの残り4カ月が修羅場になることもあるといいましたが、スムーズに進めるためにはいくつかコツがあります。

1つはみんなに配慮した進め方をすることです。

法的に財産を引き継ぐ権利を有する人を「相続人」といいますが、相続人になれるのは、以下のような立場の人です。

・被相続人の配偶者
・被相続人の子ども、孫、ひ孫（直系卑属　第1順位）

・被相続人の父母、祖父母（直系尊属　第2順位）
・被相続人の兄弟姉妹、甥・姪（傍系血族　第3順位）

配偶者は別格として、まず相続の資格があるのは直系卑属です。

ほとんどのケースでは遺産分割協議は配偶者と直系卑属でおこなわれます。相続人については、このあとで詳しく述べます。

さて、ここからが長男の出番です。

被相続人の配偶者（主に母親）は、悲しみに暮れ、葬儀での心労もあるでしょう。ですから、まず長男が仕切り、みんなでスケジュールを共有すること、そして自分勝手に進めることなく、「みんなの意見を聞きたい」と周囲に配慮して進めることです。

2つ目のコツは、土地評価による節税対策などは、プロである税理士に任せることです。

3つ目は、あとあと困らないような納税方法を選択することです。

相続税は、現金で一度に納めるのが原則です。もし手持ちのお金がなくて現金納付ができない場合は、「延納」「物納」という方法をとることができます。

延納とは、税務署に対して相続税を繰り延べ払いする方法で、利子税の支払いと担保の提供が必要です。延納できる期間は条件によって違いますが、例えば遺産に占める不動産などの割合が50％未満の場合は最大5年、50％以上の場合は条件によって最大10年から20年までの延納が可能です。

ただ、私たちは基本的に延納はおすすめしていません。なぜなら相続税はその性格上、本来は一時の支払いで済ますべきものであり、毎年支払うようなものではないからです。一時の支払いで完納すべきものを長期間にわたって支払おうとすると、あとあと苦しくなることが多いという現実もたびたび目にしています。それよりは、相続した不動産を売却して一度に支払ったほうが得策だと私たちは考えています。

物納は、株券、国債、不動産など、文字通りもので納めることです。現金納付でも延納でも支払いができない場合に認められます。

一般的な相続では、ほとんどの方が相続財産のなかから現金納付をしています。

母の今後の生活設計を考えた相続

前章でも述べましたが、父親が亡くなったときに発生する一次相続と、母親が亡くなったときに発生する二次相続のあいだは、実に18年もあります（税理士法人レガシィ調べ・2014年~2017年の平均値）。つまり、夫が亡くなってから妻が亡くなるまでが18年ということです。

思ったより長いと思いませんか（ちなみに妻が先に亡くなった場合、夫が亡くなるまでは11年）。

普通に考えれば、父親が亡くなれば母親もそう長くはないから、もう次の世代の自分たちのことを考えよう、となりがちです。一次相続が終わればすぐ二次相続がやってくるように思ってしまいがちなのです。でも、実際は18年もあるのです。

そうなると、父親亡きあとの母親の生活設計を考えて相続をすることが非常に重要になってきます。

だから長男は、そのことを配慮して仕切っていかなければなりません。

具体的には、「一次相続はすべて配偶者に」が原則です。

一次相続での法定相続分は、配偶者が2分の1、残りの2分の1を子どもたちが均等に分けることになっています（きょうだいが2人なら、4分の1ずつ）。

一次相続で子どもたちが多く相続するほうが有利だと書いてある専門書もあります。確かに資産規模が大きい家では、二次相続の相続税が負担になるため、一次相続のうちに子どもたちに財産を相続したほうが節税になります。

これは計算上では正しいでしょう。ただ、先述したように、それは残された母親の生活設計をまったく考慮していないといわざるを得ません。

父親が亡くなってから母親が亡くなるまでの18年の生活設計はどうなるのでしょうか。節税よりも、母親の生活を優先すべきでしょう。

だからこそ、「二次相続はすべて配偶者に」をすすめています。すべてお母さんが相続しても、配偶者の税額軽減や、小規模宅地の評価減があるため、よほどの資産家でない限り、相続税はかかりません。

二次相続で税金が高くなることが心配であれば、どれくらいの差額になるのか、税理士に相談して比較してみてもいいでしょう。

実際は心配するほど大きな差はないかもしれません。その差が数百万円あったとしても、母親の18年の生活に比べればたいしたことではありません。

子どもたちは「全部お母さんが相続すればいいよ」と伝えてあげればいいのです。残された母親の暮らしのほうが、ずっと大切です。

そのうえで相続対策はしておきましょう。一次相続で一度相続を経験していますから、母親とは話をしやすい環境になっているはずです。

相続対策は一次相続と二次相続のあいだにするものです。むしろ18年も時間があるのですから、あせらずゆっくり進めていけるでしょう。いざ二次相続になってからモメないように、母親とコミュニケーションをとりながら話を進めていくのも、長男としての役割ではないでしょうか。

預貯金も遺産分割の対象になる

これまでは亡くなった人が銀行などに預けている預貯金は相続財産に含まれず、遺産分割の対象にならないとされてきました。ところが最近になって最高裁が見解を変え、遺産分割の対象とされるようになっています。

説明しましょう。

被相続人が死亡した場合、相続人同士の話し合いで、誰がどの財産を取得するのか遺産分割協議書にまとめることは、すでに説明した通りです。話し合いがスムーズにまとまれば、不動産と共に銀行預金も相続人同士で分けることになります。

例えば被相続人である父が亡くなり、預金が1000万円あったとしましょう。相続人は配偶者である母と息子2人。この場合、法定相続分は、母親が500万円、息子2人はそれぞれ250万円ずつ相続することになります。

これまでは預貯金は遺産分割の対象となりませんでしたから、それぞれの相続人が法定相続分に応じて、お金を引き出すことが理論上は可能だったのです。

ところが現在は、金融機関で相続人が自分の法定相続分だけ引き出そうとしても、通常、払い戻しには応じてもらえません。相続争いなどが起こっているケースでは、遺産分割協議がまとまるまで預金はそのままであることはよくあります。

なぜかというと、金融機関も相続争いなどのトラブルに巻き込まれたくないからです。

つまり金融機関が厳しくなり、今まで例外的に引き出しができることもあった預貯金が、遺産分割協議が終わらないと基本的に引き出せなくなってしまったというわけです。

預金を引き出すためには、相続人全員が了承したことを証明する遺産分割協議書などの書面を提出することが必要になります。

もちろん、そのなかでも例外はあります。

葬儀費用の確保や入院費の支払いなど、急なお金が必要になったときなどです。故人の預貯金は、死亡がわかった時点で金融機関は口座取引停止の措置をします。ただし口座が凍結していても、金融機関に事情を説明したり、指定の書類を提出したりすることで、払い戻すことはできます。金融機関に事前に問い合わせてみましょう。

相続でモメれば、それだけ故人名義の預貯金を分けることが先延ばしになってしまいます。遺産分割協議を長引かせないためにも、ここでも長男の役回りが重要になってくるというわけです。

日頃の〝気配り〟こそが最も効果的な相続対策

相続は単純にお金の奪い合いだけではなく、愛情の奪い合いでもあるといえます。

相続をきっかけに家族が争い、「相続」が「争族（争う家族）」になってしまっては、シャレにもなりません。

相続税の申告期限内に決着できず、家庭裁判所での調停、果ては審判という事態を招いてしまう可能性もあります。

そうなると誰も幸せになれません。預貯金は下ろせず、財産の有効利用もできず、配偶者軽減などの控除も利用できないなど、想像以上に弊害が出てきてしまいます。

先にも少し触れましたが、改めて相続の対象者について説明しましょう。

①配偶者
配偶者は常に相続の権利があります。ただし、同居していても婚姻関係にない、いわゆる内縁関係の場合は、相続の権利はありません。離婚した場合も同様です。

②子ども
子どもも常に相続の権利があります。実子はもちろん、養子であっても、婚姻関係にない相手の子ども（故人が男性の場合は、その子どもを認知していることが必要）でも同様です。つまり、離婚した前妻や前夫には相続の権利はなくても、その子どもにはあるということです。

③孫
本来の相続人である子どもが亡くなっており、しかもその人に子ども（故人にとっては孫）がいる場合、その孫が相続人になります。同様に、子どもも孫も亡くなっている場合

は、ひ孫が相続人になります。

④親

故人に、子も孫も（ひ孫以下も）いない場合は、故人の親が相続人になります。

⑤きょうだい（兄弟姉妹）

故人に、子ども、孫（ひ孫以下）、親もいない場合、故人のきょうだいが相続人になります。

なお、遺言書を作成しておけば、相続人ではない人も遺産を相続することができます。

民法で定められている「法定相続分」では、配偶者が2分の1、残りの2分の1を子どもたちで均等に分けることになっています。また配偶者が亡くなっていれば、子どもたちで均等に分けます。

ただし、この法定相続分はあくまでも基準です。

相続人のあいだで話し合いがつけば、一次相続で配偶者が100％相続しても構いません し、二次相続で本家が多めに相続しても構わないわけです。もちろん、法的に有効な遺言書があれば、遺言書に基づいて遺産を分割することになります。

「相続」が「争族」にならず、爽やかな家族＝「爽族」になるためには、長男がリーダーシップをとり、両親の思いを日頃から確認しておくことが大切だということは、繰り返しお話ししてきました。

また、両親への気配りだけでなく、相続人であるきょうだいやその子どもたちにも、折に触れて気配りをしていくことも大切です。実はそれこそが広い意味での、そして実は最も効果的な相続対策なのかもしれません。

「相続人の夫・妻」を甘く見てはいけない

きょうだいとは、どういうものなのでしょうか。

幼い頃は一つ屋根の下で一緒に遊んだり、ケンカをしたりするものです。やがて成長して独立し、家庭を持ち、子どもを持つ人もいます。

両親のうち片方が亡くなったとき（一次相続が発生したとき）は、その子どもとして共に悲しむでしょう。しかし、残された親（主に母親）が亡くなると、少し関係は変わってくるかもしれません。このとき二次相続が発生します。

親の遺した財産を「分け合う」存在になればいいですが、もしかすると「奪い合う」存在になる可能性もあります。

第1章でもお話ししたように、きょうだいは相続において最大の利害関係者です。少なくとも二次相続が終わるまでは、気配りは必要です。

相続に限っていえば、もしかすると一人っ子のほうが平和かもしれません。

先に本家の長男が姪っ子にピアノをプレゼントしたお話をしましたが、ある家のご本家では、ことあるごとにきょうだいにお土産を買ってくるようにしているそうです。一方の分家のほうも、次男が旅行や出張の際に、両親と同居の長男のお嫁さん（義理のお姉さん）に心ばかりのものを送り、感謝の意を表しているそうです。

ものを送るというと何か根回しをしているようだとか、ご機嫌取りをしているようでいやらしいと思う人もいるかもしれませんが、そうではありません。ただものを送っておけばいいのではなく、「ありがとう」という〝思い〟を込めて贈ることが大切なようです。それが相手を思い、心を砕いている証しなのです。

きょうだいに贈り物をするということ自体、あまり実行していない人が多いのではないでしょうか。会社の上司にお中元やお歳暮を贈るのもいいですが、身近なきょうだいにこそ、「気をつかってお金を使う」ことで印象に残るのです。

こういうコミュニケーションが続いていれば、いざ相続となったときに、「なんとかしてあげよう」「できるだけモメないように進めよう」となるはずです。

とはいえ、世の中そんなにうまくはいかないこともわかっています。わかっていても、できることはやっておく。これが相続でモメないコツなのです。

「目に見えるもの」はすべて相続財産になる

相続財産になるものには、どんなものがあるのでしょうか。

相続税が課税される財産は、お金や不動産だけではありません。

相続税の対象となる財産は目に見えるもので、お金で売買できるもの（お金に換えられるもの）にかかってきますが、大きく3つに分けられます。実際はかなり細かい規定があるのですが、一部を紹介しましょう。

①本来の相続財産

被相続人から直接受け取った財産で、遺産分割の対象となる財産です。代表的なものが現金、預貯金、有価証券（株、投資信託など）、不動産、ゴルフの会員権、家財、未収の配当金、著作権、特許権、貸付金などです。

このほか、自動車や貴金属、骨董品や美術品など、高額で売買できるものはすべて相続財産に含まれます。

土地や建物などの不動産は、遺産分割協議に入る前に評価額を出しておかなければなりません。市街地にある宅地の場合は、通常、各国税局が公開している路線価が基準になります。路線価の数字は、国税庁のホームページで見ることができます。

②生前の贈与財産

親が生きているあいだに相続人に贈与された財産です。相続によって財産を取得した人が、相続の開始前から遡って３年以内に取得した被相続人からの贈与財産を受けた場合、または相続時精算課税の適用を受けた場合の財産のことをいいます。すでに被相続人の所有からは外れた財産ですが、相続税を計算する際、本来の相続財産に上乗せされます。

③みなし相続財産

被相続人からではなく、別な形で間接的に受け取った財産のことです。

本来は被相続人の財産ではなくても、相続税の計算上はこれを相続財産とみなして、本来の相続財産に上乗せする財産です。死亡保険金や、死亡退職金、生命保険に関する権利、年金受給権などがこれに当たります。

また、相続の対象になるのはプラスのものだけではありません。借金も相続対象になります。具体的には借入金・買掛金、預かり敷金・保証金、未払いの所得税・固定資産税・住民税、未払いの医療費などです。さらに、ここに本来は被相続人の債務ではない葬式費用を加えることが、相続税法独自の規定により認められています。

そのまま相続してしまうと、子どもは借金を負わされることになってしまいます。それを防ぐために相続をしないという選択肢もあります。それが「相続放棄」です。

そしてもう1つ、亡くなった人にすぐ把握困難な借金がありそうな場合には、プラスの財産の範囲内で借金を返す「限定承認」という方法もあります。

ただ、現実的には、80~90歳代の親世代で借金があるケースはほとんどありません。80

歳代で何千万円もローンが残っている人はほとんどいませんし、貸すほうも貸してくれません。ですから「相続放棄」「限定承認」は、実際はほとんどお目にかからないのです。

「相続税」はお金持ちだけの問題ではない

「相続税はお金持ちだけの話だろう」「相続税なんて、うちには関係ない」

そう思っている方もいるかもしれません。

ところが本書の冒頭でもお話しした通り、今はそんな時代ではないのです。２０１５年1月に改正相続税制が施行され、相続税の対象者はぐんと増えました。

相続税を計算するには、相続財産全体から非課税財産や債務や葬式費用などの控除額を差し引いて「課税価格」を算出します。この課税価格から「基礎控除額」を差し引いた金額に対して、定められた割合で課税されます。

相続税では、相続人の人数や相続遺産の金額や遺産の種類にかかわらず、一定のマイナス枠が設けられています。これを「基礎控除」といいます。

つまり、相続財産のうち、この金額までは課税しませんよ、というボーダーラインがあるのです。相続財産が基礎控除額よりも少なければ、相続税はかかりません。相続財産が基礎控除額より高い場合は、その枠を超えた分が相続税の課税対象となります。

この基礎控除額が引き下げられたため、東京近郊に住む方にとって、相続税の申告対象者は2人に1人になったといわれているのです。

改正前の基礎控除額は「5000万円＋1000万円×法定相続人の数」でしたが、改正後の基礎控除額は「3000万円＋600万円×法定相続人の数」となりました。

例えば、母親が亡くなり、きょうだい2人で相続する場合、改正前は、5000万円＋1000万円×2人＝7000万円以内であれば相続税はかかりませんでしたが、現行では、3000万円＋600万円×2人＝4200万円を超えると相続税の課税対象になってしまいます。

「うちは資産家ではないから大丈夫」などといっていられなくなったのです。

私たちが独自に調査したデータでは、一軒家（50坪）をお持ちの人では金融資産が約2000万円、その他の資産が約2000万円ありました。これを合わせれば、資産家でなくても基礎控除額を超えてしまうケースが増えたのです。

しかもご両親が亡くなるまで、子どもは親の資産総額はわからないという人がほとんど

どれだけかかる？　相続税早見表

（単位：100万円）

課税価格＼家族構成	配偶者子1人	配偶者子2人	配偶者子3人	配偶者子4人	子1人	子2人	子3人	子4人
100	4	3	3	2	12	7	6	5
120	6	5	4	4	18	12	9	8
140	8	7	6	5	25	16	12	11
160	11	9	8	7	33	21	16	14
180	14	11	10	9	41	27	20	17
200	17	14	12	11	49	33	25	21
220	20	16	14	14	57	39	31	25
240	23	19	17	16	65	45	37	29
260	27	22	19	18	74	53	43	34
280	31	25	22	21	83	61	49	40
300	35	29	25	24	92	69	55	46
400	55	46	42	39	140	109	90	76
500	76	66	60	55	190	152	130	110
600	99	87	78	74	240	197	170	150
700	123	109	99	93	293	245	212	190
800	148	131	121	113	348	295	257	230
900	173	154	144	134	403	345	302	273
1,000	198	178	166	157	458	395	350	318
1,500	329	303	285	272	733	658	600	555
2,000	466	434	412	395	1,008	933	858	805
3,000	741	704	674	652	1,558	1,483	1,408	1,332

被相続人の遺産を相続人が法定相続分より相続した場合での相続税額を算出。
税額控除は配偶者の税額軽減による控除のみを適用。

です。いざというとき慌てないために、長男をはじめとした子どもたちは、日頃から親とコミュニケーションをとっておき、何かあったときに相談しやすい関係を築いておくことが大切です。

3　不動産の相続

新相続法でできた配偶者の「居住権」とは

第1章で少し触れましたが、今回の相続法改正により、配偶者に居住権が発生することになりました。

今回の改正は「お母さんを大切にしようルール」であるといいましたが、居住権はその象徴的なものです。

自宅の権利を「所有権」と「居住権」に分け、配偶者（妻）には居住権が認められるようになるのです。

例えば80歳代の夫が亡くなり相続が発生した場合で考えてみましょう。相続人は80歳代の妻とその子どもである50歳代の息子2人です。法定相続分は、妻が2分の1、子どもがそれぞれ4分の1ずつです。

財産である自宅の資産評価額は3000万円、預金が1000万円あります。このケースでは、法定相続分通りに計算すると、妻が2000万円、子どもがそれぞれ1000万円ずつになります。

もし2人の子どもが「法定相続分の財産がほしい」といってきた場合、息子たちに合計2000万円渡さなければなりません。しかし、預金は1000万円しかありませんから、自宅を売却して現金を用意しなければならなくなります。

これでは妻は、死ぬまで住み続けたいと思っていた住み慣れた家を手放すことになり、老後に住む場所さえなくなってしまいます。

このように預金がそれほど多くなく、資産は実家である不動産程度、という家庭はたくさんあります。住宅を売却して現金化することで、年老いた配偶者が家から退去せざるを得ないケースを防ぎ、配偶者を優遇するための制度なのです。

そこで、配偶者の老後の生活の安定のためにつくられたのが、今回の「居住権」です。自宅の権利を「所有権」と「居住権」に分けて、配偶者が「居住権」を相続すれば、子どもたちが「所有権」を相続しても、配偶者は自身が亡くなるまで住み慣れた家に住み続けることができるというわけです。

母に認められる「居住権」とは

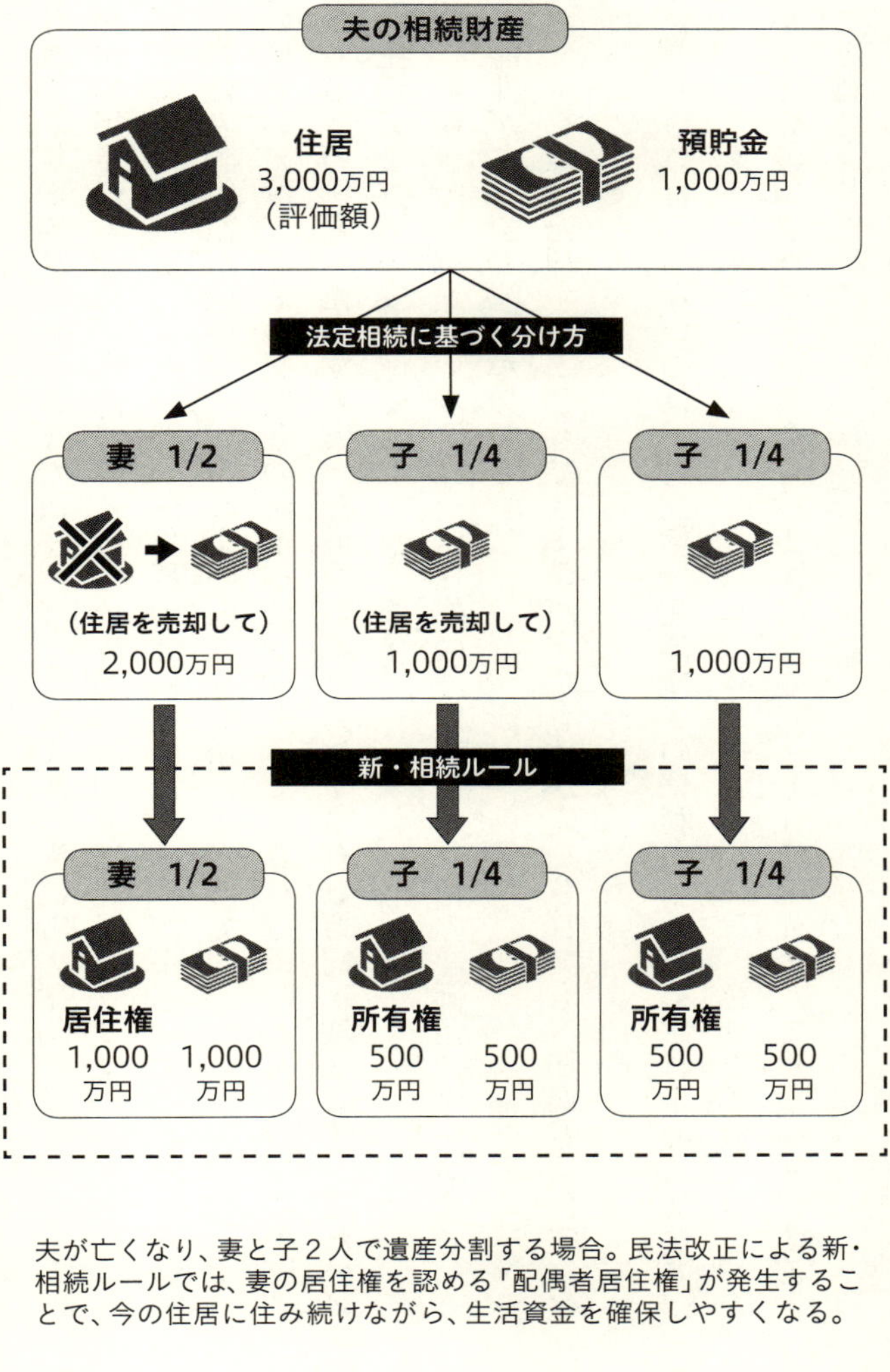

夫が亡くなり、妻と子２人で遺産分割する場合。民法改正による新・相続ルールでは、妻の居住権を認める「配偶者居住権」が発生することで、今の住居に住み続けながら、生活資金を確保しやすくなる。

居住権の評価額の算出方法はまだ決まっていませんが、配偶者の平均余命などをもとに評価額が算出されるため、高齢であるほど一般的に評価額は低くなります。

配偶者であるお母さんにとって、居住権の評価額は低いほうが平和です。なぜかというと、居住権の評価額が低いほど、預貯金の取り分が増えるからです。

先の例でいえば、本来の配偶者の法定相続分である2000万円のうち、居住権の評価額が1000万円だったとすると、預貯金の取り分は1000万円に増えます。それだけ老後の生活資金への不安が減ることになります。

一方、配偶者の年齢が若い場合は、居住権の評価額と所有権の評価額の差があまりなくなる可能性があるので注意が必要です。

また、所有権は売却することもできますが、所有権が売却されても、配偶者は自宅に住み続けることができます。

注意しなければならないのは、居住権は売却などの権利がないため、将来的に配偶者が自宅で1人で暮らすのが難しくなり、介護施設に入居する際には、権利を譲渡できません。したがって介護施設への入居資金を捻出するために、居住権を売却して現金を確保するということはできません。

このように、お母さんを守るための新ルールですが、実際は、配偶者が後妻であり、先妻の子がいる場合などの特殊なケース（この場合、義母となる）を除き、子どもが法定相続分の遺産を請求して、実の母親を実家から追い出すということはあまり考えられないのではないかと思います。

「自宅を相続したら終わり」ではなかった！

父親が亡くなり、母親への一次相続が終わると（母親にすべて相続した場合）、長男をはじめ、子どもたちとしてはホッとひと息つきたいところでしょう。

でも、ちょっと待ってください。まだホッとするのは早いのです。

先にも述べましたが、父親が亡くなり、その妻である母親が亡くなるという相続の一般的なケースでは、約18年という長い年月があります。18年ものあいだ、年老いていく母が暮らしていくのに、自宅はそのままで大丈夫ですか？

私たちのところでは、相続後の不動産の相談が増えています。

そのなかでも多いのは、相続人である長男が、母親と同居しているケースで、自宅をリフォームしたい、家族構成の変化に合わせて建て替えたいといった相談です。

一次相続が終わり、そのままお母さんが1人で住み続ける場合でも、長男が同居する場合でも、この先18年、住まいはそのままでいいのかということを、一度は検討してみる必要があるのではないでしょうか。

バリアフリーにするのか、冬は寒いから全館空調にするのか……。つまり、親の居心地のいい空間にするべく、検討するのです。リフォームや全館空調は、相続対策として有効であるだけでなく、お母さん自身の残りの人生を気持ちよく過ごしてもらうという意味でも、とても喜ばれると思います。

リフォーム費用にお母さまの預金をあてることで、預金が建物の一部に変わり、節税にもなります。

一次相続はすべて母に、と私どもがすすめるのは、こういった自宅改修資金にもあてられるからです。

やはり建物というものは、住み続けると必ず傷んできます。維持をしていくのが大切なのが家なのです。これは単に物質的に家を「維持する」という意味だけではなく、見えない「家という存在」を維持していくという意味も含んでいます。

いろいろな意味で家を守るのが、長男の役目なのではないでしょうか。

もちろん、親が住んでいる家を改修するとはいっても親のお金を使うわけですから、よく話し合って納得してもらう必要はあります。年をとると何をするにも腰が重くなり、実行力がなくなってきますから、ここは長男の出番ということで、コミュニケーションを積極的にとることです。

「お母さん、冬の脱衣所は寒くない？」

「階段に手すりがなくて大丈夫？」

と聞いて、お母さんが今、困っていることを探っていき、快適な住まいにしていくのです。

子どもにしてみれば、親の預貯金が建物に変わることで、相続税の課税評価額が低くでき、相続対策になるわけです。しかしながら、大切なのはあくまでも相続税対策ではなく、お母さんが快適で、居心地のいい住まいを目指すことです。

子どもが不動産を相続することのデメリット

父親が亡くなる一次相続の際、母親が多くの財産を相続すれば、相続税が安くなることは、すでにご説明した通りです。

しかし一方で、母親が亡くなり二次相続が発生した際には、子どもたちが負担する相続税は高くなってしまいます。

このため、一次相続の段階で母親と子どもが2分の1ずつ相続するケースもあります。一般的に多いパターンは、不動産は子どもが、預貯金は母親が相続するというパターン。なぜかというと、不動産は評価額が上がる可能性があるうえに、二次相続の際に子どもに登記をし直すと再度の登記費用がかかるため、このような分け方をするご家族が多いのです。

例えば長男が良かれと思って、

「法定相続分通りに、お母さんと僕たち（子どもたち）で半分ずつにしておくよ」

「不動産の相続はややこしいから、僕が相続しておくよ。お母さんは安心して住んでいていいからね」

ということはよくあることです。

しかし、このような割り切った考え方は、お母さまを傷つけることがあります。お母さまにしてみれば、長男が財産のことや法律のことばかりいってきて、私の心情を何も理解してくれないと、寂しくなってしまうことがあるようです。

ですから、一次相続の段階でお金のことばかり考えず、よく協議することが必要になるのです。

こんな例がありました。

父親が亡くなった一次相続の時点で、残された母親と長男は、財産を法定相続分通り２分の１ずつ相続することにしました。

長男が、「二次相続のときに相続税が重くなってしまうから、半分ずつにしておくよ」と母親に説明。そのときは納得して相続したのです。相続した母親はその後、相続した実家で独り暮らしをしていました。

ところがそれから10年後、母親が亡くなったとき、長男が母親の預金通帳を見て驚いてしまいました。なんと、父親からの相続で５０００万近くあったはずの残高がゼロだったのです。調べてみると、母親がある新興宗教に心酔していることがわかりました。それどころか、自宅を担保にお金も借りていたのです。

考えた末、長男は借金も含めて相続することにしました。

なぜ、母親はこんなことになってしまったのでしょうか。これは1つの例ですが、きっかけは、一次相続のときに長男に抱いてしまった不信感です。特に母親と別居の長男は要注意です。

長男が財産のことや法定相続の話ばかりすると、母親としては「自分のことよりも、お金の心配ばかりしている」と感じてしまいます。そこで文句の1つもいえる母親なら問題ないのですが、ぐっとこらえてしまうような性格の母親だと、その反動で、寄付をしたり貢いでしまったりということになりがちです。

一次相続の際、お金で割り切って考えるのではなく、母親の心情を第一に考えましょう。同じ提案でも、「お母さん、自分が持っている家に住んでいるほうが、なんか落ち着かない？　だったら不動産はお母さんの名義にしておこうか」というような言い方ができていれば、結果はまったく違っていたはずです。

遺産分割とは本来、相続人が話し合って決めるものです。

先にお話ししたように、父親が亡くなってから母親が亡くなるまでは平均で18年ほどあります。そのあいだの生活に少なからず不安を抱いている母親にとって、相続税が有利か不利かといったことだけで話を進めてはいけません。

やはりここは、「お母さんが全部受け取るのが当たり前だよ」と提案したうえで、話し合うべきではないでしょうか。

不動産は「不動の財産」とは限らない

不動産は「動かない財産」と書きますが、実際はそんなことはありません。

相続税の納付原資（どの資金で相続税を何で納めたか）でいちばん多いのは、何といっても現預金です。２０１４年から２０１７年までの平均では、84％の人が現預金での納付でした（税理士法人レガシィ調べ）。

以下、土地の売却で納めた人が3％、株式の売却が1％、自己資金が11％、借入金などが1％となっています。

ただし、課税価格が5億円以上のケースでは、現預金が54％といちばん多いものの、土地の売却での納付が25％と高くなっています。資産が多くなればなるほど、土地の売却が増えるということです。

その割合は資産家に限らず、ここ4年でも変わっていません。今の世の中、土地の占める割合は減っているはずですが、土地を売却して相続税を納めている人は減っていないということです。

ちなみに一次相続、二次相続を通していちばん多い納付方法は現預金であることに変わりはありませんが、二次相続になると若干、不動産での納付の割合が高くなっています。一次相続では多くの場合、母親が相続することになるので、不動産（実家）を売却することはまずないからでしょう。

相続税を不動産で納めることを「物納」といいます。

売却可能な不動産であれば、現金の代わりに相続税を不動産で納めることができます。ただし、お金の持ち合わせがある場合は「物納」はできません。

何がいいたいかというと、実家に限らず土地売却自体は相変わらず減っていない、つまり不動産は動かないものと決めつけないほうがいいということです。不動産を売ること自体、億劫なものですし、不動産を売ることを嫌う人は多いものです。手放すのが惜しい気持ちも出てきますし、特に長男が売却を考えた際、通常の場合であれば親戚が黙っていない場合があります。

「おまえ（長男）が腑甲斐《ふがい》ないから、不動産を売るしかなかったんだろう」

「住み慣れた実家を売るなんて、何を考えているんだ」

などなど、長男に直接文句をいってくることさえあります。

しかし、相続のときに売却をする場合は、話は別です。相続税納付のために売却するのだという大義名分があるからです。

ですから、売却を考えているなら、相続のときがそのタイミングであるといえます。もちろん一次相続の際にはお母さまが健在なので、お母さまの意見を最優先すべきですが、二次相続の場合、誰も住まなくなる実家を売却することは大いにあり得ることです。

いずれにしても、一次相続のときから不動産をどうするか、ある程度考えておかないと、二次相続でモメることになります。

きょうだいで不動産を「共有」するのはＮＧ！

相続がモメる大きな理由の1つに「不動産の共有」があります。

こんなケースがありました。

父親が亡くなり、お母さん、長男、長女、次男の3人の子どもが相続することになりました。父親の遺言には、所有しているビルについては長男が4分の3、長女が4分の1ずつ相続すること、預貯金は母親と次男で分けなさいと書いてありました。

長男は跡継ぎだから少し多めにと考えた、バランスのいい分け方に見えます。そして実際、一次相続のときはモメることなく、遺言通りに相続されました。

しかし、これで本当にいいのでしょうか。

モメるのはこのあとです。

父親が一代目で、3人の子どもたちが二代目のうちは、きょうだい間で話し合いもし、父親の遺言でもあるため、理解があるからまだいいのです。問題は三代目、このきょうだいたちの子どもの代になって、噴出することが多くあります。

例えば長男、長女、次男にそれぞれ２人の子どもがいるとしましょう。つまり、きょうだいから見ると６人の甥っ子、姪っ子がいることになります。

この三代目たちが相続することになったら、長男と長女で共有していたビルはどうなるでしょう。長男に相続されたビルの４分の３を子ども２人が相続、長女に相続されたビル４分の１を子ども２人が相続……もう複雑すぎてわかりませんよね。

しかも、一つ屋根の下に暮らしたきょうだいと違い、甥っ子姪っ子同士はそれほど親密ではありませんから、話し合いで理解し合えるかどうかはわかりません。もう何も決められない、甥と姪の誰か１人が反対したら何も進まない相続になってしまいます。相続というものは、かかわる人間が多ければ多いほど、前に進むのが困難になります。

不動産の共有は、このようにどんどん争いが誘われていくため、私たち税理士は不動産の「共有」という字は「競誘」のほうが適当ではないかと思っているくらいです。

そもそも不動産をきょうだいで共有すると、修繕するにしろ、売るにしろ、みんなの意見が合わないと何も動けません。

不動産を共有させる内容の遺言は、財産所有者の親心であることが多いのですが、この親心こそ争いの元になりやすく、子どもからすると正直なところ、将来的に迷惑になってしまうのです。

ですから、もし共有させるといった遺言があったとしても、その趣旨を踏まえたうえで、分割協議ができるとベストです。

不動産の遺産分割協議をどのように進めればいいかというと、先ほどの父親の遺言の例でいえば、まず長男がビルをすべて相続します。その代わり、長男は遺言通り、ビルの4分の1相当の金額を長女に支払います。これを代償金といいます。

とはいえ、長男が不動産を相続したからといって、手元に現金があるとは限りません。長女に渡す代償金を支払えない場合は、ビルを売却して現金化して分けることになります。しかし、すぐに売れるとは限りませんし、急いで売ろうとしても買い叩かれる可能性もあります。ここに不動産相続の大きな問題があります。

いずれにしても、私たちは不動産の共有をおすすめしません。

たとえ父親の遺言があっても、きょうだいの仲がよければ、もう一度話し合いができますから大丈夫。モメないために、長男が仕切っていきましょう。

不動産の共有を解消するコツ

最後に私たちが提案している、不動産の共有を解消するコツを紹介しましょう。

不動産の共有でモメているパターンとして多いのは、長女、次女など、女性のきょうだいが年上で、長男がいちばん下のパターンか、または長女と長男の2人きょうだいの場合です。最近は2人きょうだいが多いので、長女、長男の不動産共有でモメているケースが非常に増えています。

このような場合、共有を解消するには、当たり前ですが、どちらかがもう一方の持ち分を買えばいいわけです。では、どちらが買えばいいのでしょうか。

答えは「不動産を本当に必要としている側」です。

例えば、長男が不動産がほしい側だとしましょう。

長女が「あなた（長男）の持ち分を買ってあげるから、共有を解消しましょう」といえば、長男は「その価格では安い」などと文句をいって、この話は必ず不成立になります。

そこで私たちが「このまま共有を続けて、あなた方の子どもたちの世代が相続するときが来れば、もっと苦労することになります。子どもたち同士が争ってもいいのですか」「ここは思い切って買ってしまい、少しでも早く共有を解消したほうがいいですよ」など一生懸命説明して、不動産がほしい側の長男を口説きます。

そして長男が買うと決めた場合、成立することが多いのです。

なぜなら、長女の側は、きょうだいでの争いを早く終わらせたいと思っているため、長男の要求を受け入れやすいからです。正直なところ、長女には提示してきた価格が高いか安いかは大きな問題ではない。でも少なくとも平和は戻ります。

長男は現金があれば不動産をそのまま買いますが、お金がない場合でも、借金して購入した不動産を売却すれば現金になります。現金は分割しやすいので、やはり便利です。そのお手伝いを私たちはさせていただくので、比較的スムーズに共有を解消することができるのです。

それでも分けられないときの〝奥の手〟

きょうだい間でどうしても話がまとまらず、不動産を共有せざるを得ない場合には、どうすればいいのでしょうか。

例えば、一等地にある５階建てのビルを、５人の兄弟姉妹でそれぞれ５分の１ずつ共有しているご家族のケースで説明しましょう。

５人の兄弟姉妹のうち、長男が亡くなりました。長男には妻と３人の子どもがいます。考えただけでも複雑になりそうですね。長男の持ち分だったビルの５分の１の相続の方法は３つあります。

方法１「同じように配偶者と子ども３人の共有にする」
方法２「持ち分所有者（ほかの兄弟姉妹４人のこと）の誰かに買ってもらう」
方法３「所有者全員で売るように働きかける」

です。

最も簡単なのは方法１ですが、将来的にはモメる可能性が非常に高く、相続人がどんどん増える一方です。これでは先ほどいったように「競誘」へまっしぐらです。争っているうちにその物件の価値は下がっていきます。そんな物件を、私たちは多く見てきました。

やはり、おすすめしたいのは方法２か方法３になります。

方法２は、所有者のうち誰かが買ってくれればいいのですが、それもダメとなると方法

3になります。全員で売る場合には、弁護士を入れて合意書を作成します。買い手が出てきていざ売却となったとき、所有者のなかに1人でも反対する人がいると売ることができません。ですから事前に最低限の合意書をつくっておき、ある条件のもとに、スムーズに売却できるようにするのです。

いつまでも不動産を共有していると、結局安く売らざるを得なくなる場合もあります。

こんなことがありました。

兄弟で遺産分割の際、2つのマンションを売却する予定でした。時価で1つが2000万円、もう1つが3000万円でした。

弟さんは3000万円のマンションを自分が、2000万円のほうを兄に、と主張してきました。その差額が気になったお兄さんは、「結局どちらも売るんだから、2つとも2分の1ずつ共有しよう」と提案しました。つまり不動産の価値としては2500万円ずつ相続することにしたのです。

ところがその後、弟さんの生活が乱れてしまい、目先の資金繰りに困り、マンションを2つとも二束三文で売りたいといい出しました。お兄さんとしては呆れてしまいましたが、弟の困窮《こんきゅう》している状態を目にして、同意するしかありませんでした。

人は目先のお金に困ると、安くても現金を手にしたくなるものです。

その結果、安い金額で売ってしまうのです。お金に困っている人は何をするかわからない、というのが私たちの経験からいえることです。

結局、２つのマンションを１０００万円で売却、お兄さんの取り分はその半分の５００万円の現金だけが残ったということです。

実は私たちは最初に共有にするという段階で、そのリスクについてお話ししていました。

お兄さんは「最初に弟がいった通りにしていたら、時価２０００万円のマンションが単独で手に入ったのに、３０００万円のマンションとの１０００万円の差が気になり、共有にしてしまったことを後悔しています。素直に譲らなかったツケが、１５００万円の損失になってしまいました」とおっしゃっていました。

結果論ではありますが、長く共有していると、リスクが表面化してくることがあります。

「損して得取れ」ではありませんが、やはり危うい共有を続けるくらいなら、いっときの損を引き受けておいたほうがよいという事例でした。

「節税のための同居」はありなのか

2018年4月1日以降の相続から、小規模宅地などの相続税の特例について、見直しがされました。第1章でも「小規模宅地の評価減」について触れましたが、ここでもう一度おさらいをしておきましょう。

「小規模宅地の評価減」とは、生活の本拠となる居住用もしくは事業用の土地を相続した人に対しての優遇措置です。

ここでは居住用のものに限定して話をしますが、夫が亡くなると、同居していた妻はそこに住み続けることになります。その際に、自宅の評価額が限度面積の範囲で8割安くなるというものです。

例えば相続税の計算をするときに、本来ならば4000万円の不動産でも、その2割の800万円で計算してくれるというわけです。住み慣れた家を、相続税の支払いのために出て行かなくても済むようにするための措置です。

今回、その対象者の条件から作為的に用件を満たそうとした「家なき子」が除外されました。「家なき子」というのは、例えば賃貸住宅に住んでいる長男のように、家を持っていない子どもなどがそうです。

今までは、相続の際に、配偶者も同居親族もいない場合に限り、今は賃貸住宅に住んでいる長男（家なき子）が実家を相続した場合に、そこに居住するか否かにかかわらず、「小規模宅地の評価減」が認められていたのです。

ただ、現実的には対象者はあまりいませんでした。そもそも相続する長男がいたとしても50歳代、60歳代です。この年代の持ち家率は8割から9割ですから、そもそも「家なき子」はあまりいないのです。

ところが、数は少ないながら、法律の隙間を縫うようにズルをした人がいたために、「家なき子」の適用対象者の範囲を厳しくする今回の改正につながったようです。

どういうものかというと、「相続開始前3年以内にその者の3親等内の親族や同族会社の所有家屋に居住したことがある者」、そして「相続開始時において居住していた家屋を、過去に所有していたことがある者」を、「家なき子」の適用対象者から除外しました。

前者をわかりやすくいうと、相続開始前3年以内に、長男が叔父さんの家や同族会社の役員社宅に居住している分には今まで認められていたのですが、今後は認められなくなったということです。

後者は、過去に自分が持っていた家をほかの人に贈与したり、意図的に親族などに売却し、同じ物件を賃借して住み続けた場合です。つまり、小規模宅地の評価減の優遇措置を受けたいがために、意図的に（長男が）自分の持ち家を売却し、その売却先から賃借して住み続けるのは認めませんよ、ということです。

とはいえ、実際にはこのようなズルを働く人はそれほど多くはないでしょう。珍しいからニュースになったり話題になったりするのです。

現実的には相続税を安くするために自分の生活を犠牲にする子どもはまずいません。節税よりも、自分の生活を優先するのが現実です。

4 相続登記

相続登記の隙を突く「地面師《じめんし》」の存在

「積水ハウス、『地面師』を告訴　詐欺《さぎ》容疑で55億円被害か」

2017年秋、こんな見出しが新聞に掲載されました。

「地面師」とは、聞き慣れない言葉かもしれません。「地面師」についてお話しする前に、まず被害の概要について説明しましょう。

積水ハウスが東京都内の土地を所有者とされる人物から購入する契約を結びました。購入代金の70億円のうち63億円を支払ったあと、同社が所有権の移転登記をしようとしたところ、所有者側から提出されていた書類が偽造であると判明、法務局で登記の申請が却下されました。

そしてその後、所有者側とは一切連絡が取れなくなってしまいました。被害総額は支払った土地代から預かり金を差し引いた約55億円にものぼったのです。

「地面師」とは、このように他人になりすまして無断で土地を売買する人のことをいいます。

どうしてこのような詐欺が成り立つのでしょうか。

ある土地の登記簿謄本を見ると、所有者の名前が書いてあります。ところが実際はすでにその所有者が亡くなっていることも少なくありません。そこで地面師は、本人を証明するためのパスポートや住民票などを偽造、所有者になりすますのです。

購入する側は、本人かどうかわかりませんし、偽造に気づかなければ信じてしまいます。地面師の集団は、こういった「所有者が亡くなっているのに所有権の移転登記がされていない土地」を探し、書類を偽造してその人になりすまします。また、そういったなりすます人を雇う元締めもいます。つまり、それぞれの役割が分業化されており、集団で悪さをしているというのですから、かないません。

では、地面師に狙われないためにはどうすればいいのでしょうか。できることはたった1つです。

手間もお金もかかりますが、相続登記（名義変更）をきちんとしておくことです。所有者が亡くなったらそのままにせず、所有権の移転登記をしましょう。それしかありません。

ちなみに私たちが地面師にだまされることはありません。土地の所有者と相続の手続きの際にお会いしていますし、顔見知りだからです。

不動産の取引で「はじめてお目にかかります」というケースがいちばん危険です。書類さえ揃っていればＯＫ、となってしまうからです。

もし疑わしい場合、本人かどうか確かめるためには、その土地の隣近所の人に所有者の顔写真を見せるのがいちばん手っ取り早いでしょう。もしその写真が本人ではなく地面師の手先だったら、「こんな顔じゃないわよ」とあっさり正体がわかります。

なぜ、所有者不明の土地が増えるのか

きちんと相続登記しましょうといっても、相変わらず所有者不明の土地は増え続けています。

その理由はいくつかあります。

単純に名義変更するのが面倒くさい、名義変更の際にかかる登録免許税が高い、そして

名義変更をしなくても罰せられることがないからです。実際、親の名義のままにしておいても、今のところ法的な罰則はないのです。

また、名義変更の際にかかる登録免許税は、一般的な土地の場合は数十万円くらいですが、いい土地になれば何百万、何千万とかかることがあるため、躊躇《ちゅうちょ》してしまう人がいるのです。

何世代にもわたって相続登記をしていないケースもありますが、そうなると相続人も増え、必要な書類も膨大になってしまいます。

でも、きちんと相続登記をしていないと、なりすましの所有者にだましとられてしまうかもしれません。

全国の所有者不明の土地は九州の面積より広いそうです。民間研究会が発表した試算によれば、このまま放置すれば、２０４０年には北海道本島の面積に迫るといいます。土地が有効活用できなければ、経済的にも大きな損失になります。

相続時こそ、土地建物の名義変更を

「所有者不明土地」という言葉は、その増加に伴って最近出てきた言葉です。所有者不明の土地、つまり迷子の土地を増やさないためには、現状の複雑な登記制度の見直しが必須でしょう。

政府のほうでも、迷子の土地をなくすために、マイナンバーなどと紐づけることを検討しています。

現行の制度では、土地所有者に登記を義務付けていません。そのうえ、登記簿を管理する法務局では、遺族が死亡届を出す自治体と情報の共有ができていないのです。この情報の共有ができれば、所有者不明土地は少なくなるはずです。

なぜなら、家族が亡くなったら、自治体に死亡届を出さない人はいません。死亡届の控えがなければ火葬できない仕組みになっているからです。ですから市区町村には必ず、ある人が亡くなったという情報があります。ここと登記簿を管理する法務局とが連動していれば、亡くなったことがわかり、相続人に「相続登記していませんよ」と催促ができるようになります。

これをマイナンバーを活用しておこない、所有者不明土地の増加に歯止めをかけようというわけです。

マイナンバーによる一括管理が実現できれば、死亡届の提出と時を同じくして、法務局は相続人に登記を促せます。また、遺族側にも、転居届を出すだけで登記の住所変更の手続きができるなど、手続きが簡略化されるメリットがあります。

今のところマイナンバーは社会保障、税、災害対策の3つの分野のみに活用されることになっていますが、マイナンバーで管理する個人情報を「土地」の管理にまで広げることはいいことです。

今後、政府は相続登記の義務化や、土地の所有権放棄の制度も検討しているようです。課題は山積みですが、遺産相続も近代化が求められているのです。ただし、こうした法改正に関係なく、多少手間やお金がかかっても、相続時に登記変更するのがいちばんいいのは間違いありません。

余談ですが、2016年1月から社会保障、税、災害対策の3つの分野で利用がはじまったマイナンバー制度は順調に進んでいます。

２０１８年１月から預貯金の口座にマイナンバーを付番することは任意でしたが、２０２１年１月からは、これが義務化される予定です。

また、証券会社の新規口座開設には、マイナンバーの通知が必須とされています。すでに口座を持っている人も、２０１８年12月までにマイナンバーの届出が必要です。また２０１９年以降、最初に売却代金や配当金などの支払いを受けるときまでにマイナンバーを提供することも義務付けられています。

ただ、いまだにマイナンバーカードを持っている人は少ないのが現状です。「通知カード」が送られてきて、そのままになっている人がほとんどなのではないでしょうか。

マイナンバーの導入の際、番号を人に知られないように、個人情報を安易に漏らさないように、慎重に扱うようにといわれすぎて、取得するのが怖くなってしまったのかもしれません。単に面倒ということもあるでしょう。マイナンバーの利便性をもっとアピールしていくことが大切でしょう。

登記変更で「相続トラブル」を未然に防げる

相続登記は面倒くさい、お金がかかる……それでも相続のときに一気にやってしまったほうがいいと、改めてお伝えしておきます。

最近もこんな相談がありました。

父親の一郎さんと母親のあいだに、長男の豊さん、長女のさえさん、次男の努さんの３人のお子さんがいました。そして父親の一郎さんが亡くなりました。土地の名義は父親のままです。一郎さんが亡くなった当時、３人の子どもたちで話し合い、長男の豊さんが相続すると決めました。

決めたまではよかったのですが、登記費用が高いからと登記はしませんでした。つまり、名義は亡くなった父親のままだったのです。

そのまま時は過ぎ、今回長男の豊さんが亡くなりました。豊さんにも3人子どもがいましたが、豊さんの長男である栄さんは考えました。「このまましばらく届けなければ、相続税の対象にならないのではないか、税務署にバレないのではないか」と。

名義は栄さんから見て祖父の一郎さんのまま。豊さんのほかに長女のさえさん、次男の努さんが相続したかどうかはわかりません。そこで私たちのところに相談に見えました。土地の時価を計算すると８０００万円でした。今回、豊さんが相続したこととして、これを相続財産に含めると、相続税が２００万円増えることがわかりました。

さて、どうするのがいいのでしょうか。案は２つありました。

１つ目は、このままじばらくとぼけておくこと。

時効になるのを待てば、相続税の２００万円分は支払わなくても済みます。ただ、いずれ長女のさえさん、次男の努さんが亡くなり、栄さん自身のお子さんの代になったとき、すんなり登記ができるかどうか――さえさん、努さんにもそれぞれお子さんがおり、みんなが納得するかどうかにかかっています。

親同士の口約束（豊さんに相続させること）が本当だったのか、子どもの代になると疑いだしたらキリがありません。

そう考えると、２つ目の案、正直に申告するのがベストでしょう。

今回の相続で、栄さんの名義に変更するのです。早いうちに叔母であるさえさん、叔父である努さんに話をします。ここで「父親（豊さん）が相続したことになっていましたよね」と確認をとり、書類を用意し、一度豊さんに登記をし、さらに自分に登記をするというように、２回登記をする必要があります。

この手続きを億劫がってやらないと、いずれ栄さんの子どもの代になったときに、権利を主張できなくなってしまう可能性があるからです。つまり、目先の相続税の２００万円をもったいながって放っておくと、８０００万円の土地を失いかねないということです。

２００万円と８０００万円、どちらが得でしょうか、という話なのです。

一郎さんから豊さん、豊さんから栄さんと登記を２回すると、さぞお金がかかると思うでしょう。それは忍びないということで、２０１８年の４月から先代以前の名義の土地の相続登記に対する登録免許制の免税措置が創設されました。この趣旨は、所有者不明土地の増加に伴って、その相続登記を促すためです。

登記費用のなかでいちばん高いのが登録免許税です。

今回の措置では、「先代→当代」「当代→自身」と二重にかかっていた登録免許税が、「当代→自身」だけしかかからなくなりました。現状では２０２１年３月31日までの期間限定の措置です。ちなみに、ご紹介したケースの登録免許税は約34万円でした。

父親の代で相続登記をしておかなかった場合、長期的な視点で早めに動き、仕切るのはやはり長男（この事例では栄さん）の役目です。

一家の代表選手として責任を負わなければならないのは、損だと思うかもしれません。しかし、繰り返しお話ししてきているように、「損して得取れ」です。長男がしっかり動いている一家は、やはり将来にわたって平和なのです。

第3章

母の相続での「やってはいけない」

モメやすいからこそ注意したいポイント

1 相続以前

「父の相続」より「母の相続」のほうがモメる!?

一般的に多いケースでは、父親が亡くなる一次相続の発生から、母親が亡くなる二次相続の発生まで、平均で約18年だとお話ししました。

そして、相続でモメるのは二次相続のときです。

先日も長男であるお客さまから、こんな相談がありました。

「私は58歳の長男です。父は他界しており、父の相続のときには、すべて母にということで、弟も妹も納得していました。つい最近、母親に相続が発生しました。長男として取りまとめをおこなわなくてはいけない立場です。弟と妹とモメない工夫を教えてください」

父親が亡くなった一次相続の場合は、母親が健在ですから、子どもたちは母親への思いやりや遠慮があります。母親の手前、いいたいことがあってもぐっと我慢します。多くは、母親にすべてを相続してもらうことで、きょうだい間で争うことなく、金額的にも心情的にも丸くおさまるのです。

ところが二次相続のときは、母親は不在です。そのため、きょうだい間でいいたいことをいうようになるケースが多いため、モメてしまうのです。

そこでモメない工夫の提案です。

まずはチームを結成することをおすすめします。チーム名は、お母さんの名前を仮に富田絹子さんとすると、「富田絹子&カンパニー（富田絹子と仲間たち）」です。もちろん、ふざけているわけではありません。きょうだいはチームなのです。きょうだいが力を合わせて、敵に向かいましょう。

敵は誰か？　そう、税務署です。

敵の存在は結束力を高めます。会社でも、嫌な上司がいると同僚の結束力が高まることがありますね。それと同じです。

モメることで相続が長引き、得をするのは税務署です。そして損をするのは相続人です。

なぜかというと、それだけ税金が高くなるからです。

遺産分割協議が終わろうが終わるまいが、納税は義務ですから期限があります。遺産分割協議が終わっていないと、小規模宅地の評価減などの特例も利用できなくなり、納税額が高くなってしまいます。また故人の預金も引き出せませんし、土地建物の修繕や建て替えもできません。名義変更がおこなわれていないのですから、当たり前です。

得をするのは税務署、損をするのは相続人とわかっているのに、カッカと頭に血がのぼっているときは「損をしてもいいから負けたくない」「どうしても譲れない」という気持ちになってしまうのです。

とはいえ、実際の相続税の申告期限である10カ月に間に合わなかった例は、ここ4年間の平均で約3％です（税理士法人レガシィ調べ）。「なんだ、結局ほとんどの人が間に合っているじゃないか」と思われるかもしれませんが、なんとかおさまったケース、ロゲンカのレベルまで含めると、なかなかスムーズにはいかないのが実情です。

ただ、実際にモメるケースを近くで見ていて、きょうだい間で理不尽なことをいい合っているかというと、そうではないことがほとんどです。どちらのいうことももっともなのです。だからこそモメるのでしょう。もっともなことをいい合って、お互い譲らないから長引くのです。そのお気持ちもよくわかります。

人は身近な相手ほど譲れないものです。他人ならまだしも、きょうだいだからこそ譲れない、もっといえば長男だから譲れない、という面があります。

モメてしまってから「敵は税務署」などといっても、もう遅いのです。話し合いをする前に長男が取りまとめ、きょうだいに「敵は税務署、力を合わせよう」と伝えることが重要です。

長男こそ、「本家意識」を忘れてはいけない

「本家意識」などといわれてもピンと来ないでしょうか。

長男こそ本家意識を忘れてはいけません。

本家とは何かと聞かれたら、ズバリ、仏壇のあるところです。

最近は仏壇といっても、非常に立派なものからマンション住まいにもなじむようなおしゃれなものまで種類もいろいろあります。どんな仏壇でもいいのです。大事なことは、毎日お線香をあげ、手を合わせていることです。

仏壇に手を合わせることは、すなわち、

「今日も健康でありがとうございます」

「今日もわが家を見守ってください」

など、先祖代々に感謝する行為です。その姿こそが本家たるゆえんです。

本家意識とは、理論ではありません。「うちが本家だ！」と口で説くよりも、仏壇に手を合わせる姿を見せるほうが、分家からすればずっと説得力があります。

よく「形から入るのが大事」といわれますが、仏壇も1つの形です。仏壇を設けて、お線香をあげ、何かいただきものをしたら仏壇に供えるのです。

これを私たちは「論より証拠」ならぬ、「論より焼香」と名付けています。

長男は、理屈をこねるよりも日頃から焼香、墓参りといった先祖への感謝や、家を守っていくという態度を示すことが大切なのです。

私たちも、お客さまのお宅にお邪魔するときは、まずお線香をあげさせていただくようにしています。相続というものは、理論で説明するのは難しいものですが、まずは手を合わせてお客さまの気持ちに寄り添うことが大切な仕事だと思っています。法律の解釈を説明するよりも先に、仏壇に手を合わせる、この気持ちが大切なのです。

遺産分割協議が終わったあとも、関係者みんなでお焼香をするのが私たちのルールです。

お焼香をして手を合わせることで、人は素直な気持ちになれると信じているからです。家族を取りまとめていく長男も同じです。まず長男が仏壇に手を合わせる姿を日頃から見せていくことで、それを見ているきょうだいも素直になっていく。これがモメない相続の秘訣でもあるのです。

また、第2章でも触れましたが、法事の際に交通費を渡す、お土産を用意する、甥や姪へのお祝いをはずむなど、きょうだいには日頃から「小さなお金をたくさん使う」こともポイントです。

多少出費はかさみますが、モメたときの大きな損失や精神的な負担と比べたら安いものです。

親が喜ぶのは、ものよりコミュニケーション

二次相続における被相続人の女性の平均年齢データを取ったところ、2016年、2017年ともに87歳でした。つまり、ほぼ90歳の母親と、その子どもとの相続というこ

となります。

本書のような相続の話を紹介するときに、例えば90歳の女性に対して、「二次相続で子どもたちがモメないように遺言を書きましょう」などと提案できるでしょうか。90歳の母親に対して、自分の死を意識したようなことを書きなさい、とはとてもいえません。たとえそのほうが金銭面でのメリットがあっても、です。

だからこそ、本書は親の相続がこれから起きるであろう50歳代、60歳代の長男向けに書いています。

相続対策は親子の温度差があるため、なかなか進みにくいものです。高齢の母親に相続税対策をしてくれ、とはなかなかいいにくい。でも、対策をしてもらわなければ困る……やはり、行動しなければならないのは長男です。

50歳代の子ども世代にとって、90歳近い親の許可を得ることは難しいといわれています。そこで、私たちが経験した、成功事例を紹介しましょう。親御さんが息子さんのために相続税対策をしようと決めたとおっしゃるので、そのいきさつをお聞きしたのです。

時は今から5年前。78歳のお母さまのところに50歳の長男から手紙が来ました。

「今日は私の誕生日です。私は50歳になりました。私をこの世に産んでくれてありがとう」「今までいろいろなことがありましたが、今はとても幸せです。何より感謝しなければいけないのは、お母さんです」

手紙には、このように感謝の気持ちが綴られていました。母親にとって、おなかを痛めて子どもを産んだ日のことは忘れるはずがありません。その誕生日に感謝の手紙が送られてきたのです。

このように感謝の手紙を送るのもいいですが、直接実家を訪ねて、感謝の気持ちを伝えるのもいいでしょう。

第2章でも、子どもが聞き上手になることが大切だとお話ししました。

普段、母親と話す機会が少ない場合は、なかなか聞き上手にはなりにくいでしょう。そこで最初のきっかけとして自分の誕生日に1人で実家を訪ねるのです。自分の誕生日に、自分を産んでくれたこと、これまで育ててくれたことへの感謝を直接伝えましょう。

親の誕生日に訪ねるのもいいのですが、そうすると、ほかのきょうだいも重なる場合があります。自分の誕生日なら、ゆっくり話もできるというわけです。

話を成功事例に戻しましょう。

感謝の手紙を送ったあとも、メールなどで長男から、

「お母さんの今の関心事は何？」

「このあいだいっていた、○○はどうなった？」

「その後、膝の具合はどう？」

など、仕事で忙しい長男から、気にかけてくれるメッセージが届きました。

「最高のプレゼントは、私に関心を持ってくれること」

お母さまはそうおっしゃっていました。

こんないくつかのいきさつがあったあとに、お母さまは「息子のために相続税対策をしたいのですが……」と私たちのところに来られたのでした。

遠まわりのようでも、子どもが親に関心を持つことがいちばん重要なことなのではないでしょうか。ものではなく、心が響くのです。

〝せっかち〟になるのにはワケがある

母親を旅行に誘うのもおすすめです。

高齢になるにつれ、健康上の不安もあるでしょうから、もしかすると「旅行に行くのはしんどいわ」「家から出たくないわ」などと断ることもあるかもしれません。

でも、大切なのは「誘うこと」なのです。

よく私たちがお母さま側のご不満（？）として聞くのは、「自分たちばかり旅行に出かけて、誘ってくれてもいいじゃない」「どっちにしても行かないんだから、声かけるのはタダなんだから」とおっしゃるのです。

行けるか行けないかは別にして、お母さまのルーツを訪ねる旅というのもいいですね。

「お母さん、どこで生まれたの？」「次に住んだのはどこ？」「一緒に行ってみようか」

これなら、普通の旅行よりも思い出話に花が咲き、お母さまも楽しくも懐かしい、文字通りセンチメンタルジャーニーができるのではないでしょうか。

これにつながりますが、家系図をつくることも、親との会話が弾むきっかけになります。

母親のルーツ、自分のルーツを探すために、親の先祖の話、田舎にいる親戚の話などを聞くと、喜んでお話ししてくれるはずです。

突然ですが、「ジャネの法則」をご存じでしょうか。

80歳代、90歳代の親御さんとのコミュニケーションで気をつけなければならないポイントとして、ぜひ知っておいていただきたい法則です。

よく年をとるとせっかちになるといわれます。私たちの仕事で、80歳代、90歳代のお客さまに「急いでいませんが、お返事お待ちしています」などといわれた場合、言葉通りに受け取ってゆっくりしていると、「先日のあれ、どうなりましたか？」とお客さまから聞かれることがあります。

お客さまにこういわれてしまってはいけません。

そう、年を重ねると反応を早く求める傾向があるのです。相続のお手伝いをしていても、年を重ねているお客さまほどスピード重視を心がけています。これはなぜでしょうか。

答えは「ジャネの法則」にありました。

この法則は、19世紀のフランスの哲学者、ポール・ジャネが発案しました。

主観的に記憶される年月の長さは、年少者にはより長く、年長者にはより短く評価されるという現象を、心理学的に説明したものです。つまり、年をとると時が経つのが早く感じるということを、方程式で説明したのです。

例えば50歳の人にとって1年の長さは人生の50分の1ですが、90歳の人にとっては、90

分の1なのです。50歳の子どもにとっての1カ月は、90歳の親にとっては1・8カ月、つまり役2カ月に相当します。ですから親御さんに何かを頼まれたとき、たいして時間が経っていないように思っても、親のほうはずっと待たされている感覚なのです。

仕事においてもすばやい対応は大切ですが、私たちが「お客さまは急ぐ」と心得ていることを親子に置き換えると、「母は急ぐ」ということになります。覚えておいて損はない法則です。

ですから、親に「やっておいてね」と頼まれたことに対しては、できるだけ迅速に動くことが大切です。

「おひとりさまの記念館」という相続対策

「おひとりさまの記念館」をつくることで、相続対策が進んだ例があります。

85歳の女性のケースです。

ご主人を亡くして8年が経ちました。60歳代の息子さんが2人いますが、同居せず独り暮らしをされています。年末になると、「おひとりさま」仲間とパーティーを開くのが恒例だそうです。

長男が空いている土地に賃貸住宅を建てる相続税対策を考えて私たちのところに相談にいらっしゃいました。

「母にいえば、きっと反対されそうで……」とおっしゃいます。

私たちも説得は難しいと思いましたが、相続税対策としては金額が大きいものなので、ご長男にお母さまの最近の興味などについて聞いていただくようにお願いしました。

ご長男は実家に行き、お母さまとコミュニケーションを取ってくださったのでしょう、数カ月後にいらっしゃり、お母さまが思い出の手帳や写真、日記、趣味の絵手紙にこだわっていることがわかりました。

そこで私どもは、6階建ての賃貸住宅を建て、1階と2階を吹き抜けでお母さまの記念館にしてはどうかとご提案しました。そこに思い出の手帳や写真、絵手紙などを飾るのです。

お母さまが居心地のいい素敵な場所を提供し、なおかつそこが近所の人やお仲間との集会所のように使えます。また、賃貸住宅の住居者は、1階2階を通って行くことになりますから、お母さまにとってもとても気分がいいのです。

２カ月後、お母さまから同意が得られたというお返事をいただきました。私たちはこれを「おひとりさまの記念館」と名づけました。

もちろん有料入場者は期待しません。収益性が落ちるのも覚悟の上です。ただ、意思決定者であるお母さまの希望に沿うことができ、結果的に相続税対策にもなりました。

終末医療について話し合うことの重要性

「相続税対策について切り出しづらい」という人は、終末医療をどうしたいか聞いてみることをおすすめします。

終末医療をどうするかは、当然楽しい話題ではありません。しかし相続税対策を聞くよりも、終末医療をどうしたいかという話題のほうが子ども側から相談しやすく、親のほうも話しやすいのです。

親からすれば、相続税対策は自分が亡くなったあとの話であるのに加え、自分が得をするわけでもありません。一方の終末医療は、亡くなる前の話ですし、少なからず親自身も気にしている話です。誰も苦しんで死にたくはありませんし、迷惑をかけたくもないと思っていますから、話が進みやすいのです。

2017年の厚生労働省による終末期の医療に関する意識調査結果によると、「最期を迎える場所を考える際に重視すること」としては、「家族などの負担にならない」が73・3%で最も多いことがわかりました。「体や心の苦痛なく過ごせる」が57・1%で続きました。

また、終末期にどのような医療を受けたいかについて、家族での話し合いが進んでいないこともわかりました。全体の55・1%が「話し合っていない」と回答したのです。

先日、Aさんの母親が亡くなりました。

亡くなる少し前に、「胃ろう」といって胃に穴を開けて直接胃から栄養を投与する処置をするかどうか尋ねられたそうです。この処置をすれば、少しは延命が可能になるということだったのですが、息子であるAさんは断りました。この処置をすることで病気が治るのなら考えますが、ただ延命措置というだけなら、母親を苦しめるだけだと判断したのです。

彼は母親と以前から延命措置はしないという話し合いができていたのです。ですから決断も早かった。親と終末医療について話していないと、こういった対応はできません。命に関わることですから、通常は子ども１人の判断では対応できないでしょう。

終末医療をどうするか、延命するかどうかの意思表示は長男の役目です。同居している長男ならもちろん、別居している長男であっても、きちんと話し合っておくべきです。

年末年始は家族が集まるいい機会です。そこで変に相続の話を切り出すのは「お母さんがかわいそう」と思われる人も多いようです。

単刀直入にならないように話を持っていく１つの方法として、お母さまの健康のことや、終末医療をどうするか、また、お父さまが亡くなっていれば、そのときの終末医療の経験話からお母さまのときはどうするかについて話すのもいいでしょう。

親が認知症になったら、きょうだいにも協力してもらう

多くのお客さまと接するなかで、年を重ねた方によくお聞きするのが「ＧＮＰ」です。ＧＮＰといっても、国民総生産のことではありません。

「Ｇ＝元気で」「Ｎ＝長生き」「Ｐ＝ポックリ」の頭文字をとって「ＧＮＰ」です。

健康で自立できる生活を送り、介護施設で過ごす期間を送り、やがて大往生。多くの人はこのステップを踏みますが、できるだけ介護施設にお世話にならないように、なるとしてもその期間は短くて済むようにしたいと思われるのです。

介護付き有料老人ホームの入居のきっかけは認知症が多いようです。みなさんが「GNP」を望まれるのは、やはり、認知症になるのが嫌だからなのです。

また85歳以上になると認知症有病率が半数を超えるといわれています。九州大学大学院の調査によると、２０２０年の予測データでは、認知症有病率は85歳以上の男性の約51％、同じく女性の約62％とされているのです。

もはや認知症は他人事どころか、ほぼ発症するものと思って間違いありません。ですから現実問題として、長男は親が85歳になる前に、何らかの手を打ちたいと思うのは、自然なことです。

認知症になったら介護施設、と言葉でいうのは簡単ですが、同居にしても別居にしても、近くで見てきた子ども（特に長男）がその判断を下すのはつらいものです。割り切りが大事、とわかっていても、それがつらいのです。

ですが、経験者に聞けば、最初は家庭で対処できていても、やがて限界がきます。

ところが意を決して介護施設に入れると、ほかのきょうだいや親戚から「長男は親をほったらかしにして介護施設に入れた」などといわれることさえあります。特に同居長男は「悪くいわれるもの」と心しておいたほうがいいかもしれません。

同居をして見てきた者にしかわからない苦労があっても、外野はいいたいことをいってきます。

よくわからないままに悪者にされてしまう前に、まず、親に認知症の兆候が見られたときは、長男が独断で行動するのではなく、きょうだいで話し合いをすることが大切になってきます。

認知症の兆候が見られたら、長男が先頭を切って「ちょっとみんなで集まろうよ」と声をかけましょう。実現するかどうかは別にして、「みんなで協力して介護をしよう」と提案します。何かしら介護にかかわると、実感できることが必ずあります。

きょうだいみんなが当事者になることで、「私たちでは立ち行かないね。もう介護施設にお世話になるしかないね」という結論にも至りやすくなります。

この過程を経ずに、長男の独断で介護サービスを使ったり、ケアを受けたりしてしまうと、事情を知らないほかのきょうだいたちから、

「兄貴は何も相談せずに、介護サービスを入れちゃったよ」

「最期まで面倒見るっていってなかったっけ？」

「本家が何やってるんだよ」

などといった話になり、こじれてしまいます。

きょうだいに相談をしないで勝手に行動すると、文句がいいやすくなります。逆に相談してから行動すれば、みんなで責任を取ることになり、誰も文句はいえません。

ただし相談はしつつも、最後に決めるのはあくまでも長男です。リーダーシップをとり、本家を守っていく姿勢は忘れないようにしましょう。

2 不動産の相続

「住まない実家」をどうするか

空き家になった実家を相続するケースが増え続けています。

例えば父親が亡くなり、母親と２人の息子という家族がいたとします。お母さんは実家で独り暮らし。２人の息子も、それぞれ結婚していて、自宅を持っています。

ここでお母さんが亡くなると、どうなるでしょうか。息子さんたちは、今住んでいる自宅を売って、実家に住むでしょうか。そんなことはまずありません。

いくら実家が素晴らしい場所にあったとしても、ご近所ネットワークができている妻と、学校に通っている子どもと一緒に住み慣れた街を引き払って引っ越すことは、私たちの長年の経験からも、ほとんどありません。

相続によって空き家が増えたのは、親が長生きになったことが大きく関係しています。

80歳代、場合によっては90歳代の母親が亡くなる頃には、子どもたちは50～60歳代。その多くは持ち家を持っているのです。

かくして、空き家となった「住まない実家」が増え続けていきます。

実際、私たちのところにもこうした相続後の不動産についての相談がとても増えています。

住まない実家をどうするか。選択肢は4つあります。

①そのまま使う（子どもたちが引っ越すなど）
②人に貸す
③売却する
④空き家のまま所有する

最も現実的で多く選択されるのは、③「売却する」のようです。

実家が空き家になることが明らかで、この先誰も住まないことがわかっているケースや、相続税の納税資金のために売らざるを得ないケース、きょうだい間の共有を解消するためには売って精算したほうが好ましいケース、今売却すると有利になるケースなどがあります。

「実家の相続」で気をつけたい制限時間

実家を売るということはどういうことかというと、「財産を分けやすくなる」ということです。

ただ、相続が発生してからすぐ売却、と決断できないケースも多いものです。その理由は、心情的な面が大きいでしょう。

自分たちが育った思い出の家でもあるし、お母さんの遺品がある家です。

また、たとえ覚悟を決めてすぐに売ったとしても、「お母さんが亡くなったら、実家をさっさと売っちゃったのよ」などと身内からいわれてしまいそうで、すぐに売れないこともあります（こんなときも、いわれるのは長男です）。

とはいえ、家というものは、住まなければすぐに傷みます。風も通らないですし、空き巣が入る可能性もあり物騒ですし、庭があればその管理も必要です。放っておけば、そのうちご近所から苦情が来るかもしれません。

実家と決別する心の整理ができ、近所に迷惑がかかる前に、という両面から考えて、実家を売却するタイミングを考えなければなりません。いつまでも空き家のまま所有し続けているのは好ましくないのです。

それを踏まえた税制改正が2016年の3月末にありました。

それが旧耐震の空き家を売却する際の3000万円の特別控除の特例です。

従来、例えば父親が亡くなり、残された母親が住み慣れた家を売却する際に、譲渡所得から最高3000万円まで控除される特別控除の特例があります。とはいえ現実的に、母親が生きているあいだ、家を売らないことがほとんどです。

そこで改正では、父親と母親が亡くなり、子どもたちが相続した場合、相続人である子どもたちが売却した場合にも、この3000万円の特別控除を認めるというものです。つまり、子どもたちが実家を相続したら、その実家に住んでいなくても、住んでいたものをそのまま相続したものとみなしますよ、ということです。

3000万円が控除されるわけですから、例えば実家を売却した譲渡益が3000万円だった場合は、課税はされないというわけです。

ただし、これには条件があり、売却する空き家は昭和56年5月31日以前に建築されたものであり、なおかつ区分所有建物登記がされておらず、売却代金が1億円以下である必要があります。

それまでは、3000万円の譲渡益があった場合、20・315％課税されていましたから、およそ600万円余りの税金がかかっていました。これは大きな差です。

この3000万円特別控除の恩恵を受けられる期間は、相続時から3年経過する日の属する年の12月31日と平成31年12月31日とのいずれか早い日までに売却した場合です。ですから、いつか実家を売却しようと思っているのなら、「3年以内」がポイントになるのです。

実家を売る踏ん切りがつかなかった子どもたちも、3年9カ月の時限措置ながら、この改正によって3年以内に売却するケースが増えました。実感としては、相続発生後、2年くらいで売却するケースも増えています。

この改正の目的は、旧耐震時代に建築された空き家を減らすことにあります。それだけ国をあげて「空き家問題」が深刻化しているということなのです。

実家をいつ売るか、その決断は大変なことですが、やはりここは長男が主導すべきでしょう。

実家を売却することに決めても、片付けが大変です。時間もなく忙しいなかで何度も実家に通い、自分たちで整理をするのはかなり負担がかかります。

そんなときに私たちがアドバイスするのは、思い切って遺品整理業の業者さんに片付けをお願いすることです。きちんと整理をしてくれますし、貴重品なども分けてくれます。規模や量にもよりますが、数万から数十万で片付けをしてくれます。

また、自分たちで片付けようとすると、思い出の品を見つけて見入ってしまい、なかなか作業が先に進まないということもあります。

思い出の品を手元に残しておけるならそれでもいいのですが、それなりの量になってしまう場合は、写真に撮影して、現物は処分するという方法もあります。

先祖代々の土地を売るタイミング

土地の売却を考えているなら、相続のときがそのタイミングです。

何度も申し上げている通り、相続の際に手元にお金がなく、延納によっても金銭で納付することができない場合は、土地（不動産）を納税のために手放すという選択肢がありま す。さらに、外部ではなく国に売ることで相続税に充てる手続きを物納といいます。

物納は国への売却であり、評価額で引き取ってくれるだけでなく、譲渡税がかからないというメリットがあります。

その土地の評価額より売却価格のほうが高く、譲渡税を引いても評価額以上の手取りが残る場合は、外部に売却すべきですが、評価額のほうが売却価格よりも高い場合は、物納を選択します。

先述したように、相続税のように、一時に急に支出するものはなるべく延納せず、一気に払ってしまうことをおすすめします。これを私たちのあいだでは、「一時払いは一時財源で」といっています。延納をして、あとでゆっくり払いましょうとなると、そのときは楽になった気がするのですが、あとあときつくなってくるのです。

それに、相続のときに売却をすれば、まわりの人は誰も文句をいいません。

相続のタイミングではなく、しばらく経ってから売却すると、「何か使い込みでもしたのではないか」とあらぬ疑いを持たれることもあります。そしてその標的になるのは、長男なのです。

さらにいえば、売却するときは少し多めに売却し、お金を捻出しておくのがコツです。例えば相続で残されたお墓も守らなければなりませんし、賃貸住宅を相続した場合は、その修繕費用も捻出しなければなりません。

売却するなら、今後何年かの資金繰りも考えて、まとめて売りましょう。

土地は、まとめて売ったほうが高くなるものです。50坪売るよりも、その隣の土地もつけて70坪で売却したほうが、坪単価は高く売れます。１００坪、２００坪にしたら、さらに高く売ることができます。

長男は、先祖代々の土地を守っていかなければならない門番の役割があります。それはとても大切なことなのですが、時には先を見越して、時代の流れを読んで、一部門番を解除して、ほかの門を開けなければならないこともある、ということなのです。

多めに売ったり、まとめて売ったりしたら、また文句をいう身内が出るのでは、という声が聞こえてきそうですが、そこは長男の根回し、そして説得が必要です。きちんと相談しながら進めること、独断で動かないことがポイントですが、いざというときはリーダーシップを発揮して動きましょう。

今後30年を考えたリフォーム・建て替えを

お父さんに続いてお母さんも亡くなり、二次相続も終え、相続で金融資産も引き継ぎました。さて、長男はこのあと、どうしたらいいでしょう？

90歳前後の両親が亡くなり、二次相続が終わった長男も、もう60歳代前後です。そろそろ、自分の後半生を考える時期でもあるのです。

この後、平均寿命まで生きたとしてまだ30年あります。そう、母親が亡くなったあとは、今後の自分の人生設計を考えるタイミングでもあるのです。

平成６年の統計では、相続財産のなかの金融資産が占める割合は23％でした。不動産の割合は76％です。その20年後、平成26年では金融資産の割合が52％と、倍以上に増えています。不動産の割合は47％と減少傾向です（税理士法人レガシィ調べ）。

相続で引き継いだ金融資産をどう使うか、私たちのところにもご相談に見えるケースが多いものです。

60歳前後であれば、住宅ローンはほぼ残っていませんし、贈与などでもらったお金もあるので、相続した金融資産は、これからの人生設計に合わせて使えるのです。

例えば、親御さんのために実家を全館空調にした方は、自分の家も老後のことを考えて全館空調にしました。同様に、バリアフリーにされた方もいます。

また、今の一軒家は広くてかえって負担が大きいからと、郊外から都心のこぢんまりしたマンションに引っ越すことを検討した方もいます。

将来、自分の子どもと同居するのか、近居にするのか。今までは自分自身が子どもの立場でしたが、相続が終わって落ち着いたところで、今度は自分の子どもに対してどうするかを考えるタイミングでもあるのです。

60歳代前後は、いちばん下のお子さんが巣立っていく頃でもあります。すると、いきなり富裕層になる世代でもあります。

つまり、今までは子どもの教育費などにお金がかかってきた。でも子どもが独立してお金がかからなくなると、余裕資金ができてくるのです。先述したように多くは住宅ローンも終わっていますから、自分たち夫婦のためだけにお金を使えるようになるのです。

お金の有効な使い方は、意外にも難しいものです。

お金を貯めるのも難しいのですが、使い方のほうが難しいのではないでしょうか。何が自分にとって価値があるのか、何が嬉しいのか、何が居心地がいいのか、それを考えていかなければなりません。

リフォームなのか建て替えなのか、はたまた住み替えなのか……。

実行するかどうかは別として、二次相続「後」は、一度人生を見直すいい機会なのかもしれません。

相続後の所得税対策は「法人疎開」がおすすめ

一定額以上の所得がある場合、個人に課される税金より、法人に課される税金のほうが安いのをご存じでしょうか。

親の死後、子どもが不動産の物件を相続したとします。その後、所得税を計算してみると、そのあまりの高さに驚かれるのです。

所得が多い人の場合、所得税と住民税は重くのしかかってくるもの。なにせ個人の場合、最高で所得税が46％、住民税が10％と、合わせて56％もの税率になるのです。半分以上が税金になってしまいます。税率は5割を超えると一揆《いっき》が起こるとさえいわれています。

相続後に不動産所得がある場合、所得税の対策は必須です。今、法人税はどんどん安くなっているのに、個人の所得税には、そのような動きは見られません。

そこで、所得が多い人に、相続後の所得税対策としておすすめしているのが「法人疎開」です。

法人疎開をひと言でいえば、賃貸物件の所有者を会社にしてしまうことで、所得税という税金を安くしようというもの。つまり、個人で高い税金を払うより、会社をつくって、財産を会社に移転させて節税しましょう、というわけです。

個人（所得税＋住民税）よりも法人（法人税＋法人住民税＋法人事業税）のほうが約22％も安いのです（東京都の法人の実効税率は33・59％）。ですから1億円あれば、2200万円以上も違ってくることになります。

これが今後の相続税の支払いや資金繰りの原資になるのです。

また、個人の財産は全額相続税の対象になりますが、法人は株の評価になるので、節税になります。

私たちのところでも、相続を機に法人疎開する人が多くなってきました。銀行などの金融機関から見ても、会社に融資ができるという点で、メリットがあるようです。

ただ、法人疎開にも弱点があります。個人の場合は飲み食いやレジャーなど、何にお金を使っても構いませんが、法人は法人の目的に沿って使わなければなりません。

とはいえ、大きな買い物は法人で購入してもおかしくないものばかりです。土地、建物、ヨット、ゴルフ会員権や車などがその例です。会社に必要な資産として購入しても問題なさそうですね。

このような弱点を加味しても、資産家にとって法人疎開はメリットの多い節税対策といえるのではないでしょうか。

第4章

モメない家族になる「こころの相続」

家族みんなが納得する相続の秘訣

モメて得することは1つもない

第3章で、実家を相続したあと、空き家の売却を検討する場合は「3年以内」に、というお話をしました。

これは、相続でモメてしまい、それが長引けば長引くほど、損をすることを示しています。

相続税の申告期限までに話がまとまらず、遺産が未分割のままだと、税金を安くしてもらえる特例がほとんど受けられなくなります。

おさらいになりますが、もう一度、相続の際に受けられる特例の代表的なものを3つあげておきましょう。

1. 配偶者の税額軽減（申告期限から3年）
2. 小規模宅地の評価減（申告期限から3年）
3. 取得費加算の特例（申告期限から3年）

1と2については、すでに第1章でも説明しました。特に「小規模宅地の評価減」については、相続した自宅の敷地の評価額が限度面積の範囲で8割安くなるのですから、大きいです。この特例のほうも、申告期限から3年となっています。

3の「取得費加算」は、相続により取得した土地や建物などを売却した場合、相続税額のうち一定の金額を売却した物件の購入代金に加算して差し引いてくれるというものです。これも申告期限から3年と決まっています。

何度もいうように、モメることで特典が受けられなくなり、損するのは相続人です。そして得をするのは税務署なのです。

特典が受けられる申告期限から3年という期間は、驚くほどあっという間に訪れます。相続でモメて家裁の調停や審判になった場合、最終の審判はまず「法定相続分に従って分けなさい」となります。散々争ったあとに、結果は「法定相続」通り。これではモメた甲斐もないというものです。法定相続通りに分けておさまるなら、最初からモメないでしょう。誰が何をどれくらい相続するかでモメているわけですから。

でも悲しいかな、法定相続とは、土地や建物なら、きょうだい2人の場合は半分ずつ、預金も半分ずつとなります。預金の半分ずつはわかりやすいのでいいですが、土地や建物は共有ということになってしまいます。

時間をかけて争ってきて、こんなばかばかしい話はないのではないでしょうか。

もちろん弁護士は、それでは意味がないですから、例えばどちらがどれを取って、その代わり代償金を払います、などといった提案をします。でもそこで「はい、わかりました」とはなかなかいきません。とにかく、モメはじめると長引くということを知っておいていただきたいと思います。

裁判をおこなうメリットがないように思われるかもしれませんが、裁判をやるメリットは、円満解決というよりは、「裁判をおこなうことで、疲れてあきらめがつく」といったところもあるようです。

当初は感情的になりカッカしていても、月日が経ち、労力も使えば、だんだん「仕方がないか」と思いはじめてきます。時間が解決してくれるのです。

いずれにしても、損をしないためには、申告期限までに決着をつけられるよう、ある程度、長男がリードすることが大切です。

実は、相続でモメるのは、資産が5000万円以下の方たちが多いというデータもあります。例えていうなら、3億円ある人が3000万円（10％）をあきらめるのと、3000万円の人が300万円（10％）あきらめるのとの違いなのではないでしょうか。

また、資産家の方たちは準備を怠らないですし、相続対策も立てています。

一概にはいえませんが、資産家のほうがモメ事が少ないイメージがあります。世の中には、お金で解決する話もあれば、そうでない話もあります。お金ではない部分での争いのほうが、シビアなことも多いものです。同じ争うなら、お金で争いたくないと思うのかもしれません。

生活ぶりをSNSにアップしてはいけない

フェイスブック、ツイッター、インスタグラムなどのSNSで日頃の自分の生活を公開する人が増えています。

そのこと自体は否定をしませんが、ことが相続にかかわってくる場合に限っては、そしてあなたが本家長男であれば特に要注意です。

例えば、

「今日は高級フレンチを食べに行きました」
「今日は買ったばかりの車で家族でドライブをしています」

などなど。通常なら問題ないのですが、それを見たほかのきょうだい、親戚たちはどう思うでしょうか。そこまで考えが及ばない人がほとんどかもしれません。

インスタ映えなど気にしている場合が怖いのです。

SNSで公開してしまうと、どこで誰が見ているかわかりません。というよりむしろ、あなたのSNSはきょうだいか友人が注目しています。

そんな状況で、わざわざ充実した私生活を公開するのは、不注意、脇が甘いといわざるを得ないのです。

親と同居している場合なら、

「外食や旅行ばかり行って、親の面倒を見ていないんじゃないの？」

と思うでしょうし、一次相続後であれば、モメることが多い二次相続を前にして、贅沢な暮らしぶりをアップすると、ほかのきょうだいたちは、

「兄（長男）にお金を相続させたら、それを無駄に使ってしまうのではないか」
「実家を兄に譲ってしまうと、贅沢ばかりしてしまうのではないか」

という不安を抱きます。

もちろん、気をつけなければいけないのは相続前、一次相続から二次相続のあいだだけではありません。二次相続後もずっとです。

二次相続できょうだい間の遺産分割が終わったあと、長男の優雅な暮らしぶりがＳＮＳでわかってしまうと、ほかのきょうだいたちは、

「二次相続で私たちが譲った分、あんないい生活をしている」

「あの遺産分割は妥当だったのだろうか」

「うまくいいくるめられてしまったのではないだろうか」

と不満、疑念を抱き、相続後にさえモメる元となってしまうのです。

例えば相続の際、本家だからということで、「墓守も介護も大変だっただろうから、お兄さんは多めにとっていいよ」ときょうだいが譲ったケースの場合、蓋を開けてみたらお兄さん一家が贅沢をしていたら、面白くないのは当然です。

アップするなら、お墓参りに行ってきた様子をアップしてはいかがでしょうか。

「今日はお墓参りに行ってきました」と写真付きでアップすれば、きょうだいも親戚もきっと安心することでしょう。

流行の「家族葬」をおすすめしない理由

費用が安く手軽だと、「家族葬」が流行《はや》っているようです。

家族葬とは、盛大な葬儀はおこなわず、家族だけで質素に執りおこなうことです。

もちろん、亡くなられたご家族が生前から望んでおられた場合はいいのですが、葬儀を執りおこなうご家族のあとあとの手間を考えると、身内だけではなく、友人や知人が参列できる葬儀にすることをおすすめしています。

例えば、こんなことがあるのです。

母親の家族葬を終えて2週間経ったある日のこと。見知らぬ女性が訪ねてきました。杖をつき、立っているのもつらそうな様子です。聞けば、「お母さまにはずいぶんお世話になったんです」とおっしゃいます。対応した長男は面識がありませんでしたが、追い返すわけにもいかず、なかにお通しして線香をあげてもらいました。そしてしばらくお話をして帰られました。

それからというもの、「線香をあげたい」という人が次々にあらわれました。平日、休日、時間帯にかかわらず、です。そのたびに対応し、お話を聞きます。しかもほとんどが「見知らぬ訪問客」なのです。帰られたあとは正直、ぐったりと疲れてしまいました。

葬儀というものは、手を合わせてお焼香をあげることで、故人とお別れした気持ちになるもの、つまり参列者のためにもあるものなのです。ですから、基本的には葬儀に参列すれば、その後ご自宅に訪ねることはありません。

ところが家族葬で済ませてしまうと、どうなるでしょうか。

葬儀に参列できなかった人は、気持ちを吹っ切ることができません。お焼香もしていない、香典も差し上げていない、感謝の気持ちを伝えたい……そんな人が次々にご自宅を訪ねてくるのです。

家族にしてみれば、「高齢だからそれほど人づきあいもないだろう」「知人がいてもご高齢だろうから、お知らせしてもかえって迷惑になるかもしれない」という配慮で家族葬にしてしまうこともあるでしょう。

しかし、ご高齢者であればあるほど義理がたい人が多いものです。ぜひお別れをいいたい、せめてお線香だけでもあげさせてほしいという人もいるでしょう。そして、そのほとんどが、事前に連絡をすることなく訪ねていらっしゃいます。子どもにしてみれば、面識のない人を、次から次へと自宅に招き入れることになり、精神的な負担も大きいことでしょう。

もっといえば、90歳だからもう知人が来ないだろうというのは間違いで、お父さま、お母さまには90年生きていれば90年分の歴史があります。知らせればいろいろな人がいらっしゃるはずです。なかには知人のお子さんが来る場合もあるかもしれません。

確かに葬儀を執りおこなうのは大変です。でも逆にいえば、大変なのは一時だけ。家族葬は、あとが大変なのです。それも、いつ終わるかわからない大変さです。

できることなら葬儀はきちんと執りおこない、お別れの場をつくってあげてはいかがでしょうか。

相続で争わない人ほど、うまくいく

遺産分割をしていて、「どうしても納得がいかない」「どう考えても自分は損している」「理不尽な要求でも我慢しなければならないのか」……こんな気持ちになることも多いでしょう。

いろいろなケースを見てきましたが、気持ちがおさまらない人のなかには、

「亡くなった親が、子どもたちがケンカをしているのを喜ぶはずがない」

「自分の子どもたちが、親のきょうだいゲンカを見ているといいことはない」

などといい聞かせて、あきらめたという人もいます。

長年相続に携わってきて、つくづく思うことがあります。

まずは次の言葉を紹介させてください。

「天網恢恢疎《てんもうかいかいそ》にして漏《も》らさず」

中国の古典『老子』や『魏書』に出てくる言葉です。

「天が悪人を捕まえるために張り巡らされた網の目は粗いが、天道は厳正であり、悪いことをしたら必ず報いがある。悪いことを犯した人は1人も漏らさず取り逃がさない」という意味です。

つまり、悪いことはできない、お天道《てんとう》さまは見ているぞ、ということです。

ですから、もし自分が損をしている、納得できないと思っても、相手を罰しなくてもいいのです。いつか必ず天が罰してくれると考えましょう。そして、譲った人には、必ず天がいい報いをしてくれます。

「譲った人にはツキが来る」

これも、今までの経験上、実感することが多いものです。

ツキについては、長年相続をお手伝いさせていただくなかで、ある程度法則のようなものがあると思っています。前著『ひと目でわかる！ 図解「実家」の相続』でも紹介させていただきましたが、もう一度掲載しておきましょう。名付けて「ツキカエタの法則」です。

「ツ」ツイている人はツイている人とつきあう。するとさらにツキがつく。

ツイている人とは、以下のような特徴があります。

「キ」聞き上手な人。「うなずき」や「あいづち」をよく使い、人の話をよく聞く人はツイてきます。

「カ」感謝上手な人。「ありがとう」を多く使う人はツイてきます。

「エ」笑顔上手な人。笑顔が多い人のところには、ツキが来ます。自慢をしたり、人をおとしめるような笑いではなく、自分を落とすような「よい笑い話」を多く使うのがコツです。

「タ」他人に親切な人。相手の長所をたくさん周囲に話せる人はツイてきます。

すべてを実行に移せる人はなかなかいないかもしれませんが、できることから意識しておこなうようにすれば、必ず天はあなたの味方をしてくれるでしょう。

また、お墓参りをする人も、運がよくなる人の特徴です。

最近ツイていないな、体の調子が悪いな、壁にぶつかっているなというときは、お墓参りがおすすめです。

お墓参りをすることは、「感謝をすること」でもあります。お墓の前で手を合わせ、健康でありがたいということを感謝するのもいいでしょう。しかし、何よりも自分が今ここにいることに感謝をしましょう。先祖のなかで誰１人欠けても自分は存在していないのです。「ありがとう」と感謝をすると、ありがとうの仲間が増えます。

逆に愚痴《ぐち》や不満ばかりいっていると、愚痴や不満の仲間が増えます。お墓参りは感謝をあらわすいちばんいい方法なのではないでしょうか。

最近では「墓守」という言葉すらあまり使われなくなってきました。長男だから墓守を、ともいわれなくなりつつあるのかもしれません。墓守は荷が重い、面倒だと思う人もいるかもしれませんが、長男こそ率先して先祖を守りましょう。お天道さまはきっと見ていますよ。

奪い合っているのはお金ではなく愛情

相続の専門家として、1、2を争うトラブルといえばなんだと思いますか。

1位はいうまでもなく「勘定」、つまりお金のトラブルです。

話し合いのなかで、「面倒を見たのにその分がお金に反映されていない」「親孝行した分が反映されていない」「どう見ても兄弟姉妹不公平だ」などなどです。

そして2位は、「感情」のトラブルです。むしろ「勘定」よりも「感情」のほうが収拾がつきにくいかもしれません。

特に形見分けの場合は、ものの奪い合いというよりも、愛情の奪い合いであるといえます。

私たちは、形見分けは遺産分割協議のあとにされることをおすすめしています。それは、感情的にモメることがあるため、遺産分割が決まったあとのほうが平和に進むと経験上知っているからです。

過去には、お母さまの帯締め1つで、モメにモメた姉妹がいました。しかも、広い土地と、何千万円という預金を遺したお母さまです。ここまでくると、財産的な価値ではないのです。

また、お父さまの遺した絵でモメたきょうだいもいました。もちろん、お父さまが趣味で描いた風景画ですから、資産としての価値はありません。

形見分けでは、どちらがもらうかでモメる場合もあれば、お互いにいらないからお前が持って行け、と押し付け合うようなモメ方もあります。所詮、ちょうど平等になるような分け方は無理なのです。

子どもはいくつになっても、心の底では親に「愛されたい」「認められたい」「好かれたい」と思っています。ですから親孝行もするのでしょう。

親亡きあと、財産的な価値を争うのもつらいものですが、親にどれだけ愛されたか、その価値を争うこともつらいものです。

何百万円もする品になれば遺産分割協議の対象となりますが、そうでない品の場合は、ひとまず後回しにして、遺産分割協議が終わってから、ゆっくり話し合うようにしましょう。まずは遺産分割協議をスムーズに進めることが優先です。

長男は親の「相(すがた)」を相続している

「相続」という字をよく見てください。

相続の「相」という字は、「人相」「面相」と使われることからもわかるように、「相(すがた)」を意味します。

相続とは、「相(すがた)を続ける」と書きます。つまり長男が相続するのは、「親の相(すがた)」なのです。

もちろん実家という建物や土地を相続することも、相(すがた)を続けることの1つです。親のお金を相続することもそうでしょう。それは、先代の相(すがた)を引き継いでいくための基盤になります。

世の中では、金銭的な意味での相続の話が中心になりがちですが、相続の本質的な意味は、親の生き方や考え方、思いを胸に刻んで、それを引き継いでいくことではないでしょうか。

先日、お豆腐屋さんを引き継いだ息子さんと話す機会がありました。ご存じの通り、お豆腐屋さんは朝早くから仕事をしています。

息子さんは「お豆腐屋の跡を継いだ以上、早起きするのは何もつらくありません。豆腐屋として当たり前です」とおっしゃっていました。その息子さんは、父親の働く姿を見て、まさに「相（すがた）」を引き継いだのです。これは、立派な相続であるといえないでしょうか。

また、地主さんの跡を継いだ三代目の息子さんは、「父の後ろ姿を見てきました。『ご近所に迷惑をかけてはいけない』と」とおっしゃり、地元の消防団で活躍されています。

これもまた、立派な相続です。

「相（すがた）」を続けるということは、お父さまやお母さまから何を学び、何を引き継いだかということなのです。

若大将で有名な加山雄三さんは、その著書のなかで次のようにお話をしています。

「母からはスキーと健康法を引き継いだ」と。お母さまは女優の小桜葉子さんですが、美容体操と健康法の大家でもあり、一緒にスキーの大会にも出場されていたようです。

そして「父からは職業、音楽、船を引き継いだ」ともおっしゃっています。お父さまは俳優として一世を風靡《ふうび》した上原謙さん。

加山雄三さんに限らず、DNAは確実に子どもに受け継がれていきます。年をとればとるほど、どこか親に似てくるものです。真似したくないと思ってもそうなのです。特に両親の相続を終えた60歳代くらいになると顕著なようです。

両親から何をもらったか、何を引き継いだか、何を教わったか、それを認識すること自体が、これから先の自分の人生、生き方を考えるうえで大切なことなのではないでしょうか。

「教える」と「教わる」という言葉があります。「教わる」ということは実は深い意味があって、教えるほうと教わるほう、どちらが主導権を握っているかというと、教わるほうではないかと思います。

例えば将棋の藤井聡太七段が師匠から何かを教わるとき、師匠ではなく、教わるほうの藤井七段の感性が決め手なのです。教わる側が、何を教わったか認識していることが大事です。教える側は、意外と覚えていないものなのです。

教わる側が覚えている。この姿勢が素晴らしいのではないでしょうか。

「長男ネットワーク」で長男同士支え合う

ここまで見てきて、長男には酷なこと、面倒なことをお伝えしてきたかもしれません。でも、いくら時代は変わっても、長男というものは損な役回りなのです。

先にもお話ししましたが、長男は何をいっても何をやっても悪くいわれがちです。でも、ここは気持ちを強く持ちましょう。ほかのきょうだいに相談してもいいですが、最後に決めるのは長男であることは忘れないでください。○○家の社長になったつもりで、リーダーシップをとりましょう。

時に、リーダーというものは孤独なものです。乗り切るためには、長男同士のつきあいがあると大きな支えになります。きょうだいよりも、友人や知人などの長男同士の横のつながりを持つといいでしょう。

名付けて「長男ネットワーク」です。

どうやってほかのきょうだいとのやり取りをしているか、親とのコミュニケーションはどうしているか、妻をどう説得するかなどを気軽に話せる仲間です。長男同士結束すれば、怖いものはありません。

円満な相続は「準備」からはじまる

最後に、問題です。

布などの染織の際、きれいな桜の色を出すための草木染めの原料は、次の3つのうちどれでしょうか。

1. 桜の花びら
2. 桜が咲いているときの桜の木の幹
3. 桜が咲く前の桜の木の幹

正解は3の「桜が咲く前の桜の木の幹」です。意外でしたか?

これは、人間国宝である染織家、志村ふくみさんから教わった話です。桜は、咲く前から準備をしているそうです。花を咲かせる前から、桜の幹は桜色に染まっているのです。

何事も「準備が大切」ということです。

相続も同じです。

一次相続のときには、その後の約18年に及ぶ母親の生活設計について準備をします。お父さんが亡くなったから、次は自分たちの相続だ、とすぐ考えるのではなく、お母さんの18年間の生活を考えた分割協議をしなければならないのです。

まず相続対策というのは、一次相続と二次相続のあいだにするものだと認識しておきましょう。自分たちが引き継ぐ二次相続になって話し合っても遅いのです。

そして、その後に起こるであろう二次相続についても準備をしておきましょう。お父さまが亡くなった一次相続の経験をもとに、お母さまとも相続の話をしておくのです。

長男が中心となって、きょうだい一丸となり、モメない相続への一歩を踏み出していきたいものです。

税理士法人レガシィ／株式会社レガシィ
〒100-6806　東京都千代田区大手町1-3-1　ＪＡビル
電話：03-3214-1717　FAX：03-3214-3131

青春新書 INTELLIGENCE

こころ涌き立つ「知」の冒険

いまを生きる

"青春新書"は昭和三一年に——若い日に常にあなたの心の友として、その糧となり実になる多様な知恵が、生きる指標として勇気と力になり、すぐに役立つ——をモットーに創刊された。

そして昭和三八年、新しい時代の気運の中で、新書"プレイブックス"にその役目のバトンを渡した。「人生を自由自在に活動《プレイ》する」のキャッチコピーのもと——すべてのうっ積を吹きとばし、自由闊達な活動力を培養し、勇気と自信を生み出す最も楽しいシリーズ——となった。

いまや、私たちはバブル経済崩壊後の混沌とした価値観のただ中にいる。その価値観は常に未曾有の変貌を見せ、社会は少子高齢化し、地球規模の環境問題等は解決の兆しを見せない。私たちはあらゆる不安と懐疑に対峙している。

本シリーズ"青春新書インテリジェンス"はまさに、この時代の欲求によってプレイブックスから分化・刊行された。それは即ち、「心の中に自らの青春の輝きを失わない旺盛な知力、活力への欲求」に他ならない。応えるべきキャッチコピーは「こころ涌き立つ"知"の冒険」である。

予測のつかない時代にあって、一人ひとりの足元を照らし出すシリーズでありたいと願う。青春出版社は本年創業五〇周年を迎えた。これはひとえに長年に亘る多くの読者の熱いご支持の賜物である。社員一同深く感謝し、より一層世の中に希望と勇気の明るい光を放つ書籍を出版すべく、鋭意志すものである。

平成一七年

刊行者　小澤源太郎

著者紹介

税理士法人レガシィ〈ぜいりしほうじんれがしぃ〉

累計相続案件実績日本一であり、専門ノウハウと対応の良さで紹介者から絶大な支持を得ている、相続専門の税理士法人。公認会計士、税理士のほか、宅地建物取引士を含め、グループ総数970名を超えるスタッフが、銀行・不動産の名義変更から相続税申告まで、すべての相続手続きをワンストップで対応する。おもな著書に『ひと目でわかる！　図解「実家」の相続』（小社刊）、『やってはいけないキケンな相続』（KADOKAWA）などがある。

やってはいけない「長男《ちょうなん》」の相続《そうぞく》　青春新書 INTELLIGENCE

2018年8月15日　第1刷
2018年9月20日　第3刷

著　者　税理士法人《ぜいりしほうじん》レガシィ

発行者　小澤源太郎

責任編集　株式会社プライム涌光
電話　編集部　03(3203)2850

発行所　東京都新宿区若松町12番1号 〒162-0056　株式会社青春出版社
電話　営業部　03(3207)1916　振替番号　00190-7-98602

印刷・中央精版印刷　製本・ナショナル製本

ISBN978-4-413-04549-0

こころ涌き立つ「知」の冒険!

青春新書
INTELLIGENCE

日本一相続を見てきた
税理士の話題の書

やってはいけない「実家」の相続

相続専門の税理士が教えるモメない新常識

天野　隆

住まない、売れない、分けられない…
「実家」のしまい方にはコツがある!

ISBN978-4-413-04450-9　820円

マイナンバー・改正税法に対応

ひと目でわかる! 図解「実家」の相続

税理士法人レガシィ

相続専門税理士が教える
相続前・相続時・相続後にすべきこと

ISBN978-4-413-11176-8　1300円

お願い　ページわりの関係からここでは一部の既刊本しか掲載してありません。折り込みの出版案内もご参考にご覧ください。

※上記は本体価格です。（消費税が別途加算されます）
※書名コード（ISBN）は、書店へのご注文にご利用ください。書店にない場合、電話または Fax（書名・冊数・氏名・住所・電話番号を明記）でもご注文いただけます（代金引替宅急便）。商品到着時に定価＋手数料をお支払いください。
〔直販係　電話03-3203-5121　Fax03-3207-0982〕
※青春出版社のホームページでも、オンラインで書籍をお買い求めいただけます。ぜひご利用ください。〔http://www.seishun.co.jp/〕